Les
millors
obres
de la
literatura
universal
segle xx

68

T. S. Eliot

Teatre

Traducciions
de Lluís M. Aragó, Josep Urdeix i Rosa Vallverdú

edicions 62

Barcelona

La traducció d'aquest llibre ha estat possible
amb l'ajut de la Institució de les Lletres Catalanes.

Primera edició dins MOLU/s. XX: juny de 1992.
Disseny d'Enric Mir.
Fotografia de la coberta (fragment de la pintura de la mort de Tomàs Becket, de Santa Maria de Terrassa): Oriol Maspons.

Imprès a Hurope s/a., Recared 2, 08005-Barcelona.
Fotocomposició: Tecfa® Línia Fotocomposició, S.A.
Almogàvers 189, 08018-Barcelona.
Dipòsit legal: B. 19.594-1992.
ISBN: 84-297-3508-9.

Presentació

Quan l'any 1922 T. S. Eliot (1888-1965) publica *The waste land*, que a mi m'agradaria traduir per «la terra devastada, destruïda i, per aquest motiu, eixorca», procura d'expressar el disgust que la Primera Guerra Mundial ha deixat en la gent d'Europa. En una sèrie de vinyetes aproximadament relacionades amb el Sant Grial, Eliot descriu una situació sotmesa per la por i per la cobdícia inútil en la qual el poeta ha de fer la travessia del desert a la recerca de l'expiació i la redempció i, una vegada aconseguida, poder oferir una esperança col·lectiva, ja que la missió de l'art és de «propiciar la percepció d'una proposta» que doni sentit a la vida, imposant-hi un ordre.

Tot preparant-se per a tan nobilíssima missió, el poeta troba els seus models immediats en els simbolistes francesos i en els poetes metafísics anglesos i, a partir d'aquests patrons, comença a investigar en la tècnica de la dicció, l'estil i la versificació, en la qual aconsegueix admirables i sorprenents modulacions en el llenguatge que conjumina el sublim i el col·loquial; i és a través d'aquesta forma que es mostra la intenció profunda del poeta que procura suggerir un «nou ordre» creïble.

Amb una fe quasi religiosa, T. S. Eliot creu que aquest home contemporani que puja i baixa de l'*underground* per anar a la feina necessita qui l'ajudi a retrobar «la pau i la serenitat i la reconciliació» amb ell mateix i amb la història; i un cop aconseguit el podrà deixar —com va fer Virgili amb Dante— seguir sol allà on el guia no sigui necessari.

El poeta es lamenta de trobar-se en una societat que s'enganya a si mateixa creient que viu en els *happy twenty years*, quan l'evidència de la crisi es fa patètica i angoixosa per als qui senten davant seu la insuportable presència de l'absurd. (Franz Kafka havia escrit el 1919 *A la colònia penitenciària*.)

Ara, i per a més d'un, un cop desprestigiades les solucions individuals-romàntiques —entre les quals hom hi podrà incloure l'anarquisme, o els sentiments per salvar la democràcia de l'esquerra—, les solucions per salvar la democràcia s'inclinaven perillosament cap a les dictadures. Thomas Mann, en les *Consideracions d'un home estranger a la política*, expressa un apoliticisme conservador i fa una valoració positiva de l'autoritarisme, que no és més que un altre inquietant indici d'una situació que es reconeix com a agonitzant. Així, Unamuno havia publicat *La agonía del cristianismo* (1921) i *El sentimiento trágico de la vida* (1921); Curzio Malaparte exaltava el feixisme a *Itàlia contra Europa* (1923); i ja sabem amb quina ambigüitat, Charles Maurras defensava un «nacionalisme integral» o nacionalcatolicisme per afrontar la mort política d'Europa. Per a Maurras una vegada més, Europa «havia estat desvirtuada per la fal·làcia intrínseca en el concepte democràcia» i per la suposada defunció de l'art degenerat en el romanticisme.

No és d'estranyar que, en aquella hora, per tants motius miserable i reactiva, Eliot temés que qualsevol irresponsable podia inventar una solució fictícia amb moltes possibilitats d'èxit irracional i conflictiu. I, com per donar-li la raó, un tal Adolf Hitler, des de la seva pròpia terra devastada, va començar a redactar *Mein Kampf* (1924).

No és ell sol l'home lliure i raonable que es nega a creure en les fórmules atziagues: Thomas Mann —ara— rectifica i referma els seus convenciments democràtics i propugna una consciència supranacional de l'home «contra la devastació de la cultura». Saint John Perse exalta la glòria de la terra i el poder de l'home (*Anabase*, 1924); i Claudel se sent profeta en la crisi i ens vol portar «*au fond du defini pour y trouver l'inépuisable*» i creu trobar-lo en les potències fonamentals i enemigues de la revolta individual: l'Església i l'Estat.

És en aquest context —evocat amb quatre pinzellades— que Eliot hi busca una solució que passa per la necessitat, en la lírica, en la mística i en el drama, d'una catarsi a partir dels fonaments, en els quals el destí no és desitjat, però no és evitat!, perquè tota la literatura —i la història— «té una existència simultània i té un ordre simultani».

Vist així, en la praxi creativa, quan es genera una nova obra —o acció— alguna cosa succeeix simultàniament a totes
 les obres d'art —i accions— que la precediren, de la mateixa

manera que tota obra d'art —o acció— que es faci ara conté el passat, és a dir, conté el total immutable. Per la qual cosa aquest present s'explora en virtut d'aquell passat i, encarrilats en aquesta via, és obvi que el poeta ha de posar-se a la recerca d'una concepció de l'existència —«*apprehended / the time of intersection of timeless / with time*», és a dir, comprenent el temps d'intersecció de l'etern, amb el temps. En conseqüència, aquesta concepció de l'existència viscuda en l'expectació de la gràcia per a la reconstrucció —política— demana en certa forma un nou fonamentalisme o integrisme religiós —segons predica Thomas Becket.

* *

A mi se'm fa entranyable de pensar que dos joves amics poetes —Eliot i Joyce— al Londres on tots dos havien trobat el seu exili, busquen els fonaments que els han de portar a les respectives aventures, ben distintes: un d'ells cap a la novel·la —Joyce—, l'altre cap al teatre —Eliot. En comú tenen l'amistat i la necessitat del viatge —interior— cap a la intimitat i —exterior— cap a un cert cosmopolitisme en el qual haurien de trobar el renovament lingüístic, que ben aviat ha d'influir en narrativa i en poesia. I és, precisament, l'any 1922 que Joyce acaba *Ulysses* i Eliot publica *The waste land*, i ja es prepara per esdevenir autor dramàtic.

Segurament per reacció contra el post-romanticisme i contra el nou naturalisme i realisme, ambdós reprenen el renaixentista *ars imitatio* de temes i mites grecs —si bé ho faran de forma ben distinta: l'*Ulysses* de Joyce és una sàvia paròdia de l'*Odissea*, on Sthephen Dedalus (Telèmac) i un tal Leopold Bloom (Ulisses) recorren Dublín (el món) amb idèntics punts de referència que el van recórrer els dos grecs i per una semblant iniciativa. T. S. Eliot recupera el sentit de la tragèdia grega i n'utilitza no sols les estructures sinó el rigor i l'economia de llenguatge, l'entitat dels personatges, els corifeus, els cors, l'anti-estrofa, els *Deus in* o *ex-machina*, però sobretot el destí tràgic que empeny l'home des de la profunditat del mite.

L'un i l'altre han trobat la seva veu —nova i vàlida per altres. Joyce a través del seu monòleg interior arribarà a oferir un retrat d'una intensitat no superada en narrativa. Eliot retrobarà en la tradició —Dante, Shakespeare, Milton— un nou llenguatge de poeta, el més gran segurament en la seva llengua i el seu temps. Però —i aquesta potser és una diferència decisiva— mentre Joyce s'allunya de la fe catòlica irlandesa,

Eliot recupera l'austera religiositat americana del seu pare i, ja des de la militància, troba l'ocasió propícia per exposar un sempre perillós nou ordre quan G. K. Allen Bell, el bisbe de Chichester, li encarrega d'escriure una peça de teatre que pugui representar-se a Canterbury.

ASSASSINAT A LA CATEDRAL

En l'afany d'unificar Anglaterra, Enric II Plantagenet vol subjectar els barons i reduir el poder de l'Església per crear un estat modern.

Aleshores Thomas Becket era un humil eclesiàstic, ardiaca a Canterbury, que va ser promocionat com a Canceller del Regne per l'arquebisbe Theobald per contrapesar el reial propòsit. Un cop Canceller, però, Becket no va servir aquesta intenció sinó que va fer seu l'honor de la corona (ja acostuma a passar, això) i posà a ratlla l'Església. Més tard la maquiavèl·lica operació és exercida en direcció contrària i és el rei qui, satisfet de l'eficiència demostrada en l'Estat, aconsegueix de col·locar el seu Canceller a Canterbury com a primat d'Anglaterra, per subjectar l'Església. Però per segon cop Thomas Becket no serveix al propòsit de qui el vol utilitzar i ara, entre el compromís de servir l'Estat i el de servir l'Església, farà seu l'honor de l'Església i s'enfrontarà al rei, fins a la ruptura —a Claredon—, que el portarà a l'exili a Borgonya.

L'obra comença el 2 de desembre de 1170 quan l'arquebisbe torna de l'exili. En saber la notícia el poble s'inquieta perquè, si bé l'estima, no vol ser cridat a l'heroisme i no vol que passi res: «Hem viscut set anys tranquil·lament,/ hem pogut evitar fer-nos veure,/ vivint i mig vivint./.../ Hem celebrat les festes, hem anat a missa,/ hem fet fermentar la cervesa i la sidra,/ hem emmagatzemat llenya pensant en l'hivern,/.../ vivint i mig vivint.»

Ara, Tomàs afrontarà els seus antagonistes, que són quatre, indestriables l'un de l'altre i alhora perfectament identificables, que en el primer enfrontament intentaran de convèncer-lo de la necessitat de convergència entre la conveniència de l'Estat i els interessos de l'Església. La solució és aquesta: que accepti d'assumir el càrrec de Primat d'Anglaterra i el de Canceller del Regne, proposta que Becket considera inacceptable —no pel seu sentit totalitari, sinó perquè ja considera i vol l'Estat sotmès a la norma de l'Església.

 Aquesta és la meditació inquietant: la que fa creure que el

poder de l'Esperit és més fort i atractiu que el que ofereix l'Estat. El poder de lligar i deslligar: «... que lliga, Tomàs, que lliga / el rei o els bisbes sota els teus peus. / Rei, emperador, bisbe, baró, rei: / dominis insegurs d'exèrcits fugissers, /.../ Tu tens el cabdell: cabdella, Tomàs, cabdella / el fil de la mort i de la vida eterna. / Tu tens aquest poder, mantén-lo. /.../ El rei és oblidat, quan n'arriba un altre: / però sants i màrtirs governen des de la tomba.» No obstant això, val a dir que algú li adverteix «Que no hi ha res durable, que la roda volta, /.../ Quan s'acabin els miracles els fidels s'allunyaran de tu.» Però l'arquebisbe no escolta l'advertència.

D'aquí a l'arrogància, la distància és breu: «... jo que tinc les claus / del cel i de l'infern, primat d'Anglaterra, / puc lligar i deslligar, pel poder que em ve del Papa, / a desitjar un poder tan mesquí?» i s'exalta en la contemplació d'aquest dilema i diu que «Estic autoritzat per dictar sentències condemnatòries, / per condemnar els reis i no pas per servir-los entre els seus criats, / heus ací el meu ofici.» I l'orgull professional de l'eclesiàstic arborat que ja ha trencat el diàleg polític i busca la forma radical per vèncer, que és provocar el seu assassinat i aconseguir el martiri, amb la qual cosa no culpabilitza el Rei sinó que n'espera que la balança es decanti al seu designi. I ho aconseguí. (Dos anys després un centenar de «miracles» confirmen la seva santedat i és immediatament canonitzat. Enric II haurà d'admetre gran part de les exigències de l'home que havia ordenat, o permès, d'assassinar.)

Després, els Quatre Cavallers que van assassinar-lo i que abans havien procurat temptar-lo, s'excusen davant del públic com si fossin quatre persones ja en possessió d'una sensibilitat contemporània —i reaccionària— en els afers d'Estat. I diuen que és cert que el van matar i que això és sempre una salvatjada, però que ells «no en traurem ni un ral de tot això», que ells van ser provocats per un fanàtic que portà als límits la seva estratègia de poder; «... el nostre desinterès en aquest assumpte ha estat total»: ells li van recomanar d'assumir els dos càrrecs, però ell va dir que tots dos ordes eren incompatibles, i es dedicà a excedir-se en austeritat —i devoció— per humiliar-los, perquè tots l'havien vist quan era canceller petonejar-se sota l'escala.

Per fi, l'autor dóna la paraula al poble, que es manifesta en forma de cor. El poble —i sens dubte el públic— ha entès que més enllà de la raó política, la força de l'heroi hi mostra el seu reguard i s'arrossega i mormola «que els fa basarda la benedicció de Déu, l'obediència que demana, la privació que comporta», perquè als homes senzills «els fa menys basarda la injustícia dels homes que la justícia de Déu». No obstant això, en el darrer moment admeten que «la sang dels màrtirs i l'agonia dels sants les tenim sobre el cap».

REUNIÓ DE FAMÍLIA

El problema de la credibilitat del drama de Harry, Lord Monchensey, radica en el fet que la situació que viu és notòriament melodramàtica, on els tenebrosos remordiments són magnificats. Fins i tot si són percebuts d'una manera al·lucinada es pot acceptar que són neuròtics. Però, des del moment que l'autor els transcendalitza i mitifica i converteix Harry en Orestes i el rau-rau en les Erínies, ens porta a un terreny molt perillós, perquè el cor de les Erínies és molt difícil d'acceptar. I, sobretot, perquè Harry no és Orestes: Harry és molt menys que Orestes però és més que Orestes, perquè Harry és Hamlet... però Harry no ha de venjar cap crim, ni ha de matar. Tot al contrari: se li ofereix la manera d'expiar la seva culpa —la seva poca culpa— i la de tota la família i, per si fos poc, se li ofereix d'aconseguir la perfecció en la penitència.

Segurament, l'autor vol demostrar que en la mediocritat de les vivències pot sorgir el caràcter tràgic i el resultat depèn que el lector es deixi seduir per la bellesa manifestada en el deliri poètic del discurs, o bé s'hi resisteixi considerant la desproporcionada relació de causa-efecte.

L'obra comença quan Harry torna d'un llarg viatge inútil, que ha fet durant vuit anys amb la seva dona. En el transcurs del viatge, durant una travessia en un vaixell de luxe, una nit ella va anar a parar a l'aigua. I diu que ell la va empènyer —però no se sap bé si n'està segur, que la va empènyer. L'únic que queda clar és que el viatge va ser inútil i que la seva dona no sols era bastant irresponsable sinó que els còctels que prenia l'afectaven més del compte, perquè estava alcoholitzada, però no consta que això fos culpa de Harry, que és virtuós i abstemi. Els remordiments que l'empaitaven darrera les palmeres a Itàlia, l'han seguit fins aquí, a casa.

Harry pensava que, en tornar, tot això s'arranjaria. Però el lector no entén bé per què s'ho pensava. Precisament perquè va ser aquí —a Wishwood— on no va trobar la felicitat, sinó al contrari: la buidor, i és precisament aquest el nucli de l'angoixa. A casa troba la seva mare vídua, Lady Monchensey, que viu i regeix Wishwood, acompanyada de les seves tres germanes més joves —totes a la seixantena—, dels germans del seu marit i d'una neboda més llunyana. Havien de venir també a la reunió de família els seus dos germans més joves, Arthur i John. Però no arriben a venir perquè l'un ha topat amb un camió mal aparcat i l'altre ha topat amb un carro de repartidor quan el perseguia una patrulla.

Sembla un diàleg amorós, el que manté amb la seva cosina Mary —que recorda vivament Ofèlia— i li explica el desamor que ell va sentir per «la sobtada extinció de cada alternativa», i el dolor que ara sent en arribar la primavera, que és l'estació del sacrifici. I és en aquesta circumstància que veu per primera vegada les Erínies que l'empaiten. Però Mary no les veu i es queda tan angoixada com Ofèlia en conèixer les al·lucinacions del seu cosí que, en tot cas, es comporta com afectat d'esquizofrènia i, malgrat que lluita per aconseguir la unitat de la persona, no l'abasta perquè «en el passat ell era algú altre» i és la culpa que amb la seva necrofília s'alimenta de les seves despulles.

Harry es debat entre l'amor egoista i possessiu de la mare que li ha robat la felicitat i el de la seva cosina —transpolació d'Ofèlia. Però, qui verament l'ha estimat i l'instrueix i qui l'obliga és Agatha, la seva tia —en certa forma Electra— que és la consciència del passat i és la justícia que li ordena d'expiar. Agatha fa un *transfer* en el consirós i nobilíssim personatge que és Harry, endossant-li tota la culpa del passat, inclosa la seva pròpia culpa. En rebre-la i acceptar-la es produeix una catarsi —d'una insuperable categoria literària— entre els dos personatges, la relació dels quals traspua un dolç amor que els porta a concloure que «el que hem escrit no és una història de crims i càstigs, sinó de pecat i d'expiació» i ¿què dóna més pau a l'home que sentir necessitat d'expiació?

És una qüestió d'honor perquè el pecat i «una maledicció és com un infant, format en un moment d'inconsciència, en un llit accidental o sota d'un saüquer segons la fase de la lluna». Mes ara, «totes les coses tendiran vers la reconciliació», perquè «tot té una existència simultània i un ordre simultani», perquè la vida té un sentit de l'atemporal com també de l'atemporal i el temporal junts i alhora, i la seva forma d'assumir-ho es fa palesa d'una manera tan subtil que potser no s'arriba a notar. I d'una manera tan fidel que potser arriba a pesar massa, però si considerem que la línia que l'autor reconeix com a seva passa per Esquil-Shakespeare-Milton veurem com la segueix i, per això, Harry és Orestes, i és alhora Hamlet —i és alhora Harry— i com a Harry va a la recerca del paradís perdut —que és el jardí de Wishwood— i no trobant-lo s'adreça cap a un altar de pedra en el desert —que segurament és Delfos.

Però sempre acompanyat —i perseguit i finalment acompanyat— per uns remordiments malsans que el persegueixen —les Erínies— i que per fi esdevenen amables protectores, com en el mite, quan les Erínies es converteixen en Eumènides.

EL SECRETARI DE CONFIANÇA

Sir Claude Mulhammer i Lady Elizabeth Mulhammer formen un matrimoni sense fills, però amb abundant servei domèstic. L'obra comença quan l'extraordinari secretari de confiança de l'amo de la casa ha decidit de jubilar-se i es presenta un jove, Colby, que ha estat escollit per substituir-lo malgrat no reunir cap mèrit especial. Ben aviat, però, sabrem que Colby és un fill natural que Sir Claude va tenir amb una pobra noia —o almenys amb una noia pobra. I ara Sir Claude es pregunta si Lady Elizabeth admetrà aquest secretari i si podrà arribar un dia en què li pugui fer saber que és fill d'ell.

Per la casa hi transita una noia encantadora, Lucasta, les relacions principals de la qual amb Sir Claude sembla que són de caràcter pecuniari. A ella, però, no li agrada que la prenguin —com més d'una vegada algú l'ha presa— per l'amant de Sir Claude, perquè no solament no ho és —i potser no ho ha estat mai— sinó que és la seva filla, criada per una mare que se li va arribar a fer odiosa quan vivia en la misèria en un barri portuari. Això ho arriba a saber Colby i decideix resistir a l'amor que sent per ella; però Lucasta —en no saber el motiu del refús, perquè ignora que Colby és el seu germà— se sent ferida i humiliada i decideix de casar-se amb Barnabas —un pretendent molt sòlid però a qui, fins ara, no estava convençuda d'acceptar.

De sobte, Lady Elizabeth manifesta una gran estimació per Colby, perquè ara recorda que és el fill que va tenir amb un oficial que després la va abandonar i que al cap de poc va morir accidentalment envestit per un rinoceront a Tanganyika. Fou aleshores que ella va confiar la criança del seu fill —si no ho recorda malament— a la senyora Guzzard. Però del que està segura és que Colby és el seu fill i que, per tant, no és fill de Claude. Per intentar aclarir-ho decideixen cridar a la senyora Guzzard i ella, que sí que se'n recorda, els diu que el fill que va tenir Sir Claude amb la seva germana no va arribar a néixer perquè la seva germana va morir mesos després de quedar embarassada. Això, Sir Claude no ho sabia perquè era al Canadà i, quan va tornar, per no afligir-lo amb notícies desagradables, ella —la senyora Guzzard— li va deixar creure que el seu propi fill —Colby— que aleshores ja era orfe de pare, era el fill de Sir Claude i de la germana morta, amb la qual cosa no sols evitava de donar un gran disgust a Sir Claude, sinó que procurava una situació econòmica al seu fill Colby, de la qual ella també se'n beneficiaria. I, ves per on, ens assabentem que uns anys abans ella —Sarah Guzzard— havia pres en cura un noi bastard d'una senyora de molt bona família —Lady Elizabeth— i el va tenir un temps a casa. Atès que els pagaments per la criança es van acabar de sobte, segurament perquè el seu pare —un oficial— havia mort i la seva mare —Lady Elizabeth— havia oblidat el nom de les persones que el criaven —a les quals el noi havia estat confiat per un intermediari— els Guzzard no el podien mantenir i per això van confiar-lo a uns veïns —els Kaghan de Teddington—, els quals van adoptar-lo. I aquest noi és, precisament, Barnabas Kaghan, el promès de Lucasta —filla bastarda de Sir Claude— amb la qual cosa no hi ha cap inconvenient, sinó al contrari, perquè es casin, i perquè Colby sigui acceptat per secretari i, a més, se li permeti de seguir la seva vocació, que és la de ser músic i jardiner i segurament poeta.

La solució es exacta. És un final feliç. Complicat, però perfecte. Hi ha una conformitat que Eliot ja l'havia apuntat a *The cocktail party*, on quan estava obsedida perquè el seu marit no l'estimava se sent per fi alleugerida quan s'assabenta que el seu marit és incapaç d'estimar.

Els fets que integren la deliciosa peça són tòpics del supermelodrama entre aristocràcia i classe desvalguda, però el que els converteix en una obra moderna i fascinant és la intel·ligència seqüencial amb què es desenvolupa, sota la direcció de l'admirable secretari de confiança, *deus-in-machina* que desentortolliga i analitza l'enrevessada intriga, i és a desgrat de la insubstancialitat del joc que Eliot ens mostra el seu poderós encant poètic, cosa que —a mi— em sembla enormement difícil i per això he de confessar que admiro, i m'encantiva, aquesta meravellosa «obra menor».

* *

En resum, en el teatre de T. S. Eliot el que ell anomena vida és una forma de misteri, un intent d'assumir formes insubstancials, fictícies —oníriques també— en les quals l'única veritat és la renúncia deliberada i generosa de la vida en el decurs del drama «on cada personatge —tal i com ho veu Stephen Spender— és lliure». Però jo no n'estic tan segur, que ho sigui, perquè és l'autor que imposa la seva voluntat coercitiva i no té cap inconvenient de valdre's, si cal, d'un *daemon* per explicar «no els crims sinó els pecats» dels personatges i fins i tot impulsar-los al martiri, perquè és només en el martiri «que el nus és desnuat, el tort és redreçat i la maledicció s'acaba».

Aquest itinerari dramàtic s'esdevé al llarg d'un procés per arribar a una catarsi o, si més no, a una suficient clarificació dels personatges, perquè l'esquizotímia radica en el fet inqüestionable que l'home no pot mostrar-se tal com és davant d'una societat que no el podria entendre i necessita desdoblar-se i oferir-se com un altre de fictici. És el teatre i el seu doble.

Quant a l'insuportable llast ideològic i polític, sembla evident que la necessitat i la voluntat d'imposar un ordre li resulten dramàticament vàlides en *Assassinat a la catedral*, però en altres peces (*Reunió de família* i, especialment, *El secretari de confiança*) poden convertir la seva tragèdia en melodrama i el seu melodrama moralista en immoral. Perquè proposen solucions cruels, inacceptables per als homes de les generacions que l'han de seguir aviat i no diguem per a les actuals, que ja han vist cremar-se tants sistemes.

En aquestes circumstàncies crec que el lector actual hi trobarà la sintonia si prescindeix del caràcter i del signe ideològic i es concentra en la contemplació de la grandesa i de la força que la pugna religiosa —poèticament considerada— pot arribar a donar en el seu combat per refusar la gràcia o per trobar-la en aquests déus que, segons Pascal, els uns temen de perdre i els altres temen de trobar.

Dels personatges, en sabem —*a priori*— que seran vençuts i que juguen les seves darreres possibilitats davant d'una força superior i abusiva que no els ofereix sinó la mort —somni d'una victòria o potser només un somni en el qual la validesa dels seus actes inútils es justifica en la presència del secret.

Però també i no menys important: hi ha la ironia —shakespeariana— del poeta que contrapunta i apunyala els seus fantasmes i la impagable capacitat d'evolució del seu discurs que des de la rotunditat avança cap a l'escepticisme, com per exemple quan Sir Claude diu: «Sempre hi ha alguna cosa que ignorem dels altres, per molt bé que els arribem a conèixer... i és quan més segurs estem d'entendre una persona que ens exposem a equivocar-nos més sobre ella.» Estem més a prop del malentès —o de la ignorància— perquè «ens han obligat a viure en la ignorància i només parlen els ximplets». Però mentre estan en la ignorància fan comèdia, lliguen amors, deslliguen, segueixen camins ocults, els abandonen i no recorden les adreces, tornen; però quan tornen no estan segurs de res, confonen, necessiten d'un altre que els ho expliqui. Les víctimes els ho expliquen perquè les víctimes tenen bona memòria i han sofert però, tot i això, no ho sabrien posar en ordre si un secretari de confiança no ho fes.

J. M. MUÑOZ PUJOL
(Novembre de 1991.)

Assassinat a la catedral

Traducció de Josep Urdeix

Títol original: *Murder in the Cathedral* (1935).
Primera edició catalana: Barcelona, Edicions 62, 1966 (col. «Blanquerna») i 1984 (col. «El Galliner»).
La present edició ha estat revisada per Rosa Vallverdú i Vilaginés.

Primera part

PERSONATGES

COR DE DONES DE CANTERBURY
TRES SACERDOTS DE LA CATEDRAL
UN MISSATGER
L'ARQUEBISBE TOMÀS BECKET
QUATRE TEMPTADORS
CRIATS

L'escena, al palau arquebisbal, el 2 de desembre de 1170.

L'obra original fou estrenada l'any 1935; i la versió catalana fou representada per primera vegada a la parròquia d'Horta, de Barcelona, l'any 1965.

Cor

Quedem-nos aquí, arrambades a la catedral. Esperem.
Venim arrossegades pel perill? ¿És la certesa de salvació el que porta els nostres peus
cap a la catedral? ¿Quin perill pot haver-hi
per a nosaltres, pobres, pobres dones de Canterbury? ¿Quina tribulació no ens sigui ja familiar? No hi ha perill
per a nosaltres, ni tampoc seguretat a la catedral. L'incert presagi d'un esdeveniment,
que els nostres ulls hauran de contemplar per força, empenyé els nostres peus
cap a la catedral. N'hem d'ésser testimonis per força.
D'ençà que l'octubre daurat donà pas a l'ombrívol novembre
i hom ha guardat la collita de la poma, i la terra no és res més que terrossos de mort, bruns i punxeguts, en una immensitat d'aigua i llot,
l'any nou espera, alena, espera, remuga a l'ombra.
Mentre el pagès allunya de prop seu la bota fangosa i allarga la mà cap al foc,
l'any nou espera, el destí espera l'arribada.
¿Qui ha allargat la mà cap al foc i ha recordat els benaurats la diada de Tots Sants?
¿Qui ha recordat els sants i els màrtirs que esperen? I ¿qui allargarà la mà cap al foc, i negarà el seu Mestre? ¿qui, a l'escalfor del foc,
negarà el seu Mestre?
Han passat set anys i un estiu.
Set anys d'ençà que l'arquebisbe ens deixà,
ell, que sempre va estimar el seu poble.
Però no seria pas bo que tornés.

El rei i els barons governen;
hem sofert tota mena d'opressions,
però, tot i així, hem pogut fer els nostres projectes,
i quan ens deixen en pau estem contents.
Mirem de tenir endreçades les coses de casa;
el mercader, prudent i caut, mira d'amuntegar una petita fortuna,
i el pagès, colrat com el seu tros de terra, es vincla damunt la seva feixa,
mirant de passar desapercebut.
Ara tinc por que els temps tranquils s'esvairan:
arribarà l'hivern portant la mort des del mar,
l'agosarada primavera trucarà a la nostra porta,
arrels i brots se'ns menjaran ulls i orelles,
l'estiu funest ressecarà els llits dels nostres rius,
i els pobres esperaran el minvant d'un altre octubre.
¿Què ens pot donar l'estiu que ens consoli
del foc de la tardor i de la boira de l'hivern?
¿Què podem fer al pic de l'estiu
llevat d'esperar les terres eixutes d'un altre octubre?
Una malaurança vol caure damunt nostre. Nosaltres esperem, nosaltres esperem,
i els sants i els màrtirs esperen tots aquells qui seran màrtirs i sants.
El destí espera a les mans de Déu, tot donant forma a allò que encara no en té:
he vist tot això en la sageta d'un raig de sol.
El destí espera a les mans de Déu, i no pas a les mans dels homes d'estat
que de vegades fan el bé i de vegades el mal, quan plantegen i projecten,
i tenen els designis que manipulen la xarxa del temps.
Vine, desembre feliç! Qui es fixarà en tu, qui et protegirà?
¿Tornarà a néixer el Fill de l'Home en aquest bressol de menyspreu?
Nosaltres, els pobres, res no podem fer,
tret d'esperar i de donar testimoni.
(*Entren els Sacerdots.*)

SACERDOT I
Han passat set anys i un estiu.
Set anys d'ençà que l'arquebisbe ens deixà.

SACERDOT II

¿Què fa l'arquebisbe, i el nostre sobirà senyor, el Papa,
amb el rei pertinaç i el rei francès
constantment en intrigues i càbales,
conferències, reunions acceptades, reunions refusades,
reunions sense fi ni terme
ací i allà de França?

SACERDOT III

No veig que hi hagi res de definitiu en l'art del govern temporal,
sinó violència, duplicitat i més d'una pèrdua.
El rei o els barons governen:
amb duresa l'home fort i seguint el seu caprici el dèbil.
Només tenen una llei, arribar al poder i aferrar-s'hi;
el resolut juga amb la cobdícia i luxúria dels altres,
i el feble queda engolit amb les seves.

SACERDOT I

¿No veurem la fi de tot això
quan el pobre que pidola a la porta
hagi oblidat el seu amic, que Déu és el seu Pare, quan hagi oblidat que tenia un amic?
(*Entra el Missatger.*)

MISSATGER

Servents de Déu i guardians del temple,
he vingut per informar-vos, i per res més:
l'arquebisbe és a Anglaterra, a les portes de la ciutat.
M'han enviat amb pressa davant seu
per tal de fer-vos saber que arribava,
i estiguéssiu a punt per rebre'l.

SACERDOT I

Com! S'ha acabat l'exili? ¿El nostre arquebisbe
està d'acord amb el rei? ¿Com poden avenir-se
dos homes plens d'orgull?

SACERDOT III

¿Quina pau pot trobar-se
que creixi entre el mall i l'enclusa?

SACERDOT II

Digueu,
S'han acabat les velles renyines? ¿S'ha enderrocat l'envà d'orgull
que els separava? Hi haurà pau o bé guerra?

SACERDOT I

¿Estan tots d'acord amb la seva arribada,
o compta només amb el poder de Roma, amb el govern espiritual,
la seguretat dels seus drets, i l'amor del seu poble?

MISSATGER

Teniu raó a manifestar certa incredulitat.
Ve altiu i trist, afirmant tots els seus drets,
protegit, sens dubte, per la veneració del seu poble,
que el rep amb signes d'entusiasme foll,
encatifant el camí, llençant per terra els mantells,
sembrant la ruta amb fulles i flors tardanes.
Els carrers de la ciutat esclataran amb tanta gentada,
i penso que arrencaran la cua al seu cavall,
cada pèl de la qual esdevindrà relíquia preuada.
Ell s'ha entès amb el Papa, i amb el rei de França,
a qui hauria agradat retenir-lo al seu regne:
però, pel que fa al nostre rei, és una altra cosa.

SACERDOT I

Però, torno al mateix, ¿hi haurà pau o bé guerra?

MISSATGER

Pau, però no un bes de pau.
Només una avinença, si voleu el meu parer.
I si m'ho pregunteu, crec que l'arquebisbe
no és un home que nodreixi cap il·lusió,
ni per renunciar a la darrera de les seves pretensions.
Si voleu el meu parer, crec que aquesta pau
no s'assembla a una fi, ni a un principi.
Tothom sap prou bé que quan l'arquebisbe
s'allunyava del rei, li digué:
«Milord —digué—, m'acomiado de vós com d'un home
a qui no haig de tornar a veure en aquesta vida.»
Us dic de cert que ho sé d'una gran autoritat.
Hi ha diverses opinions sobre el que volia dir,
però ningú no ho té per un feliç auguri.
(*Surt.*)

SACERDOT I

Tremolo per l'arquebisbe, tremolo per l'Església,
perquè sé que l'orgull nascut de sobtada prosperitat
 s'ha anat fent fort amb l'adversitat amarga.

El vaig veure fent de canceller, afalagat pel rei,
volgut i temut pels cortesans, amb el seu despòtic caràcter,
menyspreador i menyspreat, sempre solitari,
mai com un d'ells, sempre insegur;
alimentant sempre l'orgull amb les seves mateixes virtuts,
engreixant l'orgull amb la imparcialitat,
engreixant l'orgull amb la generositat,
fastiguejat del poder vingut per mans d'home,
freturant la sola submissió a Déu.
Si el rei hagués estat més fort, o potser més dèbil,
altrament hauria anat per a Tomàs.

SACERDOT II

Nostramo ja torna a ser aquí. De nou entre els seus.
Ja n'hem tingut prou d'esperar, d'un desembre a un altre boirós desembre.
L'arquebisbe serà el nostre cap i esborrarà les angoixes i els dubtes.
Ens dirà el que hem de fer, ens donarà ordres i guiatge.
Nostramo s'ha entès amb el Papa, i també amb el rei de França.
Serà una roca on recolzar-nos, els nostres peus trobaran terreny ferm
i aixopluc contra les eternes ones de lluita
amb els barons i els grans propietaris.
La roca de Déu la tenim sota els peus. Sortim a rebre l'arquebisbe amb cordial agraïment:
Nostramo, el nostre arquebisbe retorna. I quan l'arquebisbe retorna,
se'ns esborren els dubtes. Així doncs, alegrem-nos,
alegrem-nos, dic, i rebem-lo amb rostre rialler.
Jo estic de part de l'arquebisbe! Anem a rebre l'arquebisbe!

SACERDOT III

Per al bé o per al mal, que volti la roda!
La roda ha estat quieta aquests set últims anys, i no és bo.
Per al bé o per al mal, que volti la roda!
Perquè, qui sap la fi del bé o del mal?
Fins que la mola s'aturi
i no quedi cap porta del carrer oberta,
i totes les filles de la música desapareguin ben lluny.

COR

Aquesta ciutat no és perdurable, no és etern aquest sojorn.
Dolent és el vent, dolent el temps, incert el profit, cert el perill.

Oh! és tard, tard, tard, massa tard, tard i més tard, i l'any podrit.
El vent és vil i la mar amarga, i gris el cel, gris, gris, gris.
Oh Tomàs! torna, arquebisbe; torna, torna a França.
Torna. De pressa. Sense enrenou. Deixa'ns morir en pau.
Véns amb l'aplaudiment, véns amb joia, però véns portant la mort a Canterbury:
això és la fi d'aquesta casa, la fi de tu mateix, la fi del món sencer.

No volem que passi res!
Hem viscut set anys tranquil·lament,
hem pogut evitar fer-nos veure,
vivint i mig vivint.
Hi ha hagut opressió i luxe,
hi ha hagut pobresa i disbauxa,
hi ha hagut alguna petita injustícia,
tanmateix, hem anat vivint,
vivint i mig vivint.
De vegades ha mancat el gra,
de vegades hi ha hagut bona collita,
un any és any de pluges,
i un altre és any de secada,
un any abunden les pomes,
un altre falten cireres.
Tanmateix, hem anat vivint,
vivint i mig vivint.
Hem celebrat les festes, hem anat a missa,
hem fet fermentar la cervesa i la sidra,
hem emmagatzemat llenya pensant en l'hivern,
hem xerrat a la vora del foc,
hem xerrat per les cantonades dels carrers,
hem xerrat no pas sempre a cau d'orella,
vivint i mig vivint.
Hem vist naixements, casaments i morts,
hi ha hagut més d'un escàndol,
hi ha hagut el pes dels impostos,
hi ha hagut rialles i xerrameques,
algunes noies han desaparegut
inexplicablement, d'altres no n'han estat capaces.
Tots hem tingut els nostres propis temors,
la nostra ombra particular, la nostra secreta paüra.
Però ara pesa damunt nostre un temor immens, un temor que no és d'un només sinó de molts,

una por semblant al naixement i a la mort, quan mirem el naixement i la mort tots sols,
en un racó. Nosaltres
tenim por d'una por que no coneixem, que no li
podem plantar cara, i que ningú no entén.
I els nostres cors estan esberlats, i els nostres cervells estan perdent les capes com si fossin una ceba, i tots estem perduts, perduts
en una por extrema que ningú no entén. Oh, arquebisbe Tomàs,
oh, Tomàs, senyor nostre, deixeu-nos, i deixeu-nos viure en el nostre teixit gris i humil d'existència, deixeu-nos; no ens demaneu
que mirem com s'ensorra la casa, com s'ensorra l'arquebisbe, com s'ensorra el món sencer.
Arquebisbe, serenament segur del vostre destí, que mai no us ha fet por la tenebra, ¿us feu càrrec del que ens demaneu, us feu càrrec del que vol dir
per a aquesta pobra gent arrossegada per la xarxa
del destí, per a aquesta pobra gent que viu enmig dc coses senzilles?
¿Us feu càrrec de la sotragada del cervell d'aquesta pobra gent que veu com s'ensorra la casa, com s'ensorra el seu senyor, com s'ensorra el món sencer?
Oh, Tomàs, arquebisbe, deixeu-nos, deixeu-nos, deixeu l'aspre Dover,
travesseu la mar cap a França. Tomàs, el nostre arquebisbe,
arquebisbe nostre per sempre ni que estigueu a França. Tomàs
arquebisbe, enlaireu la vela blanca entre el cel gris i
la mar amarga. Deixeu-nos i aneu-vos-en a França.

SACERDOT II

Com podeu parlar així en aquesta avinentesa!
Sou dones boges, vanitoses i xerraires.
¿Que no sabeu que el bon arquebisbe
arribarà d'un moment a l'altre?
Immenses multituds l'esperen ja pels carrers aclamant-lo sense mida,
i vosaltres vinga raucar com les granotes dels estanys.
Però les granotes, si més no, les podem rostir i menjar.
No sé pas què us espanta, ni què us fa tenir por;
sigui el que sigui us demano almenys unes cares alegres,
i una joiosa benvinguda al nostre arquebisbe.
(*Entra Tomàs.*)

TOMÀS
Que la pau sigui amb vosaltres! I deixeu-les cridar.
Parlen millor del que saben, i per damunt del que pugueu entendre.
Saben i no saben, què és fer i què és sofrir.
Saben i no saben, que l'acció és sofriment
i el sofriment és acció. Ni el qui actua pateix,
ni el qui sofreix actua. Però l'un i l'altre estan lligats
en una acció eterna, en una paciència eterna
que tots han de consentir perquè pugui ésser estimada
i que tots han de sofrir per poder estimar-la
i que el model subsisteixi, ja que aquest model és l'acció
i també el sacrifici; que volti la roda fins que pugui aturar-se
per sempre.

SACERDOT II
Oh, senyor, perdoneu-me, no us he vist arribar,
amoïnat per la xerrameca d'aquestes dones boges.
Perdoneu-nos, senyor, hauríeu tingut millor benvinguda
si haguéssim estat preparats amb temps per al cas.
Encara que, ja sap la vostra senyoria, que set anys d'esperar,
set anys de pregària, set anys de buidor,
han disposat millor els nostres cors per la vostra vinguda,
que set dies esmerçats a preparar tot Canterbury.
Amb tot, manaré que us encenguin el foc
a totes les vostres habitacions, per tal d'allunyar el fred del nostre desembre anglès,
ja que la vostra senyoria deu venir acostumat a un clima més dolç.
La vostra senyoria trobarà les seves cambres amb el mateix ordre com les va deixar.

TOMÀS
I jo miraré de deixar-les tal com les trobi.
Us estic agraït de debò per totes aquestes gentils atencions.
Però, això són menudalles. De repòs n'hi haurà poc a Canterbury
amb inquiets enemics bellugant-se entorn nostre.
Els bisbes rebels, de York, de Londres, de Salisbury,
haurien volgut interceptar les nostres cartes,
han atapeït d'espies la costa i han enviat a rebre'm
alguns dels qui em tenen un odi més viu.
Sabedor, per la gràcia de Déu, del seu propòsit,
vaig enviar les cartes un dia diferent,
he tingut un viatge feliç, i en arribar a Sandwich he trobat

Broc, Warenne, i el Sheriff de Kent,
just els qui havien jurat tallar-me el cap,
excepte Joan, el degà de Salisbury,
que, patint pel nom del rei, i fent-los comprendre la seva traïció,
aconseguí d'aturar les seves mans. Per això, de moment,
no ens han amoïnat.

SACERDOT I
Us segueixen encara?

TOMÀS
L'afamat falcó, per una temporada,
no farà sinó prendre vol i obrir les ales, i sotjar tot donant voltes,
cercant una excusa, un pretext, el moment.
La fi serà senzilla, sobtada, enviada per Déu.
Mentrestant, la medul·la del nostre primer acte
serà tenebra, i lluita amb la tenebra.
És més dura l'espera que la fi.
Tot prepara l'esdeveniment. Vetlleu.
(*Entra el Temptador I.*)

TEMPTADOR I
Ja veus, senyor, que no estic per cerimònies.
He vingut aquí, oblidant tota rancúnia,
confiant que la teva present gravetat
em podrà excusar la meva pobra lleugeresa
amb el record dels bons temps passats.
¿Podria el senyor menysprear un vell amic caigut en desgràcia?
El vell Tom, l'alegre Tom, el Becket de Londres!
¿Podràs oblidar aquella tarda, al riu,
quan el rei, tu i jo vam arribar a ésser tan amics?
L'amistat no hauria de poder ser mossegada pel pas del temps.
¿Caldrà dir, senyor, ara que has retrobat
el favor del rei, que l'estiu és lluny
o bé que els bons temps no tenen fi?
Tocar la flauta a la prada, les violes a la cambra,
rialla i flor de pomer surant damunt l'aigua, cantúries al crepuscle, xerrameques a la vora de la llar,
focs abrusadors durant l'hivern,
engolint les tenebres, amb faules i amb vi i amb seny!
Ara que tu i el rei sou amics,

clergues i laics podran retrobar l'alegria,
la joia i l'esbargiment no caldrà que es belluguin amb por.

TOMÀS
Parles de temps molt llunyans. Però els recordo:
per què els hauria d'oblidar?

TEMPTADOR I
I d'altres que no ho són tant.
La primavera ha esclatat enmig de l'hivern. La neu que hi ha damunt la branca
sura dolçament com les poncelles. El gel dels clots
serà espill pels raigs del sol. L'amor
farà córrer la saba del pomer. La joia correspon a la tristesa.

TOMÀS
Ben poca cosa sabem del futur,
només que de generació en generació
les mateixes coses passen i tornen a passar.
L'home aprèn poc l'experiència dels altres.
Però mai, en la vida d'un home,
no torna el temps passat. Només
el boig, en la seva follia, s'imagina potser
que pot fer voltar la roda en la qual ell cavalca.

TEMPTADOR I
Senyor, tot ve a ésser el mateix.
L'home sovint estima allò que havia rebutjat.
Pels bons temps passats, que ara tornen de nou,
jo estic al costat teu.

TOMÀS
No pas d'aquesta manera.
Vigila aquest comportament. Et seria més saludable
pensar a fer penitència i imitar el teu mestre.

TEMPTADOR I
No pas per aquest camí!
Si vols anar tan de pressa, d'altres poden anar-hi encara més.
La vostra senyoria viu plena d'orgull!
No és pas qui més crida qui té la raó.
No era pas aquesta la manera de fer del rei, el nostre mestre.
No eres tan dur contra els pecadors,
quan eren els teus amics. Sigues senzill, home!

L'home senzill viu per als millors menjars.
Escolta el consell d'un amic. Estigues tranquil,
altrament potser vegis els teus ànecs tots rostits i menjats fins als ossos.

TOMÀS

Arribes vint anys massa tard.

TEMPTADOR I

T'abandono al teu destí.
T'abandono al plaer dels teus vicis més alts,
que hauràs de pagar a preu molt més alt encara.
Adéu, senyor, no estic per cerimònies,
us deixo com he vingut, oblidant tota rancúnia,
confiant que la vostra present gravetat
em podrà excusar la meva pobra lleugeresa.
Si em recordareu, senyor, en les vostres pregàries,
jo us recordaré quan us petonejàveu sota l'escala.

TOMÀS

Estigues tranquil, caprici de primavera,
perquè aquests pensaments se'ls endugui el vent xiulant.
L'impossible és encara temptació.
L'impossible, l'indesitjable,
veus que vénen en somnis, desvetllant un món esmorteït,
talment que l'esperit no pot ésser intacte en el present.
(*Entra el Temptador II.*)

TEMPTADOR II

El senyor em deu haver oblidat. Te'n faré memòria.
Ens trobàrem a Clarendon, a Northampton,
i darrerament a Montmirail, al Maine. I ara que els tens presents,
sospesa aquests records no massa agradables, confrontant-los
amb altres més antics i de més pes: els de la cancelleria.
Mira com s'enlairen els nouvinguts! Tu, un mestre de la política,
hauries de tornar a portar les regnes de l'estat.

TOMÀS

Què vols dir?

TEMPTADOR II

El càrrec de canceller que deixares
tan bon punt et van fer arquebisbe —això va ser un error

per part teva— encara podries tornar-lo a obtenir. Pensa, senyor que
el poder obtingut esdevé glòria,
i arriba a ésser una sòlida possessió mentre dura la vida.
Tindràs una tomba amb capella i un monument de marbre.
No és pas bogeria governar els homes.

TOMÀS
Quina joia és això per a l'home de Déu?

TEMPTADOR II
La tristesa és pròpia d'aquell que només ama Déu.
Qui va fer la seva sòlida substància,
vetllarà d'esma enmig de dubtoses tenebres?
El poder és present. La santedat, futura.

TOMÀS
Qui, doncs?

TEMPTADOR II
Canceller. Rei i canceller.
El rei mana. El canceller governa com vol.
Aquest aforisme no s'ensenya a l'escola.
Humiliar els poderosos, protegir els humils,
pot fer-se res més sota el tron de Déu?
Desarmar el pervers, enfortir les lleis,
governar pel bé de la millor causa,
fent justícia amb igualtat,
és créixer a la terra, i potser al cel.

TOMÀS
Amb quins mitjans?

TEMPTADOR II
El veritable poder
s'obté sempre al preu d'una certa submissió.
El teu poder espiritual és perdició en aquesta terra.
El poder és present per a aquell qui el vol.

TOMÀS
Qui l'haurà?

TEMPTADOR II
Aquell qui ha de venir.

TOMÀS
Quin dia vindrà?

Temptador II
El darrer començant pel primer.

Tomàs
Quin preu pagarem?

Temptador II
La pretensió del poder eclesiàstic.

Tomàs
Per què pagarem aquest preu?

Temptador II
Pel poder i la glòria.

Tomàs
No!

Temptador II
Sí! Altrament es trencarà la teva força,
tancat a Canterbury, governant sense regne,
servent lliurement engrillonat d'un Papa impotent,
com un cérvol vell encerclat pels gossos.

Tomàs
No!

Temptador II
Sí! Cal maniobrar. També els monarques,
que fan guerra pertot, necessiten amics fidels a prop seu.
La política de cadascú és profit per a tothom;
així la dignitat es vestirà amb decòrum.

Tomàs
T'oblides dels bisbes
que vaig sotmetre a excomunió.

Temptador II
La fam d'odi
no arriscarà altra volta la conveniència del propi interès.

Tomàs
T'oblides dels barons. Que no oblidaran
que vaig frenar constantment llurs mesquins privilegis.

TEMPTADOR II

Contra els barons
hi ha la causa del rei, la causa del pagès humil, la causa del canceller.

TOMÀS

No! ¿Hauré d'abaixar-me, jo que tinc les claus
del cel i de l'infern, primat d'Anglaterra,
que puc lligar i deslligar, pel poder que em ve del Papa,
a desitjar un poder tan mesquí?
Estic autoritzat per dictar sentències condemnatòries,
per condemnar els reis i no pas per servir-los entre els seus criats,
heus ací el meu ofici. No! Marxa.

TEMPTADOR II

T'abandono al teu destí.
El teu pecat s'eleva com el sol i arribarà a cobrir els falcons del rei.

TOMÀS

Poder temporal, construir un bon món,
imposar ordre tal com el món l'entén.
Els qui posen la fe en l'ordre del món,
que està deslligat de l'ordre de Déu,
ignorants plens de confiança, no fan altra cosa que aturar el desordre,
però encara l'afermen, engendrant una fatal malura,
degradant allò que exaltaven. Deixa el poder al rei.
Jo *era* el rei, jo vaig ésser el seu braç i el seu cervell.
Però el que llavors era glòria,
ara només seria mesquinesa.
(*Entra el Temptador III.*)

TEMPTADOR III

Sóc una visita inesperada.

TOMÀS

Jo t'esperava.

TEMPTADOR III

Però no d'aquesta manera, ni pel motiu que em porta.

TOMÀS

 Cap motiu no pot sorprendre'm.

TEMPTADOR III

Bé, senyor,
no sóc ni frívol ni tampoc polític.
Em falta habilitat per vagar per la cort
o per ordir intrigues. No sóc un cortesà.
Entenc en cavalls, en gossos, i en mosses;
sé com portar amb ordre les meves possessions.
Sóc un noble feudal ficat als meus assumptes.
I els d'aquesta mena coneixem el país
i sabem quines coses el país necessita.
El nostre país és aquest. I ens l'estimem, el país.
Som nosaltres l'espinada de la nació.
Nosaltres, i no pas els paràsits que conspiren
rodejant el rei. Perdona'm la franquesa:
Sóc un anglès una mica rude però dels qui van al gra.

TOMÀS

Endavant, sense por.

TEMPTADOR III

El que penso és ben senzill.
Mantenir l'amistat mai no depèn tant
de la pròpia voluntat, com de les circumstàncies.
Però les circumstàncies no es donen perquè sí.
Una amistat sense pena ni glòria pot esdevenir veritable amistat.
Però una amistat sincera, un cop trencada no trobarà mai més la unió.
Abans l'enemistat es tornarà lligam!
L'enemistat que mai no ha conegut l'amistat
arribaria abans a saber què és acord.

TOMÀS

Tot i ser un home del camp,
amagues les intencions amb les confuses vaguetats
d'un cortesà.

TEMPTADOR III

El fet és ben clar!
Ja no et queda esperança de reconciliació
amb el rei Enric. Només tens cura
d'afermar-te com un cec en la teva solitud.
Això és un error.

TOMÀS

Oh, Enric! El meu rei!

TEMPTADOR III

En la present avinentesa
pots trobar altres amics.
El rei d'Anglaterra no és totpoderós;
el rei és a França, discutint a Anjou;
i els seus fills, afamats entorn seu, esperen.
Nosaltres, estem a Anglaterra i a favor d'Anglaterra.
Tu i jo, senyor, som normands.
Anglaterra és un país que ha d'ésser governat per normands.
Deixa que l'Angeví
s'enderroqui ell mateix, lluitant a Anjou.
Ell no ens entén a nosaltres, els barons anglesos.
Nosaltres som el poble.

TOMÀS

On mena aquest camí?

TEMPTADOR III

A una feliç coalició
d'assenyats interessos.

TOMÀS

Però tu quina relació...
Si parles en nom dels barons...

TEMPTADOR III

És un poderós partit
que ha girat els ulls cap a tu...
Que està de part teva, que cerca la teva autoritat.
Per a nosaltres, el favor de l'Església fóra un avantatge,
la benedicció del Papa un ajut poderós,
en la lluita per la llibertat. Tu, senyor,
si estiguessis amb nosaltres, lluitaries ensems
per Anglaterra i per Roma,
fent que acabés la tirànica jurisdicció
del rei damunt els bisbes,
i del rei damunt els barons.

TOMÀS

 Que jo vaig ajudar a fonamentar.

TEMPTADOR III

Que tu vas ajudar a fonamentar.
Però temps passat és temps oblidat.
Ara esperem l'aurora d'una nova constel·lació.

TOMÀS

Però, si l'arquebisbe no confia en el rei
¿com es pot fiar d'aquells qui ordeixen la pèrdua del rei?

TEMPTADOR III

Els reis no volen altre poder que el seu;
l'Església i el poble tenen en això una bona causa contra el tron.

TOMÀS

Però, si l'arquebisbe no confia en el tron,
té bones raons per no confiar en ningú, tret de Déu.
Temps ha vaig governar com a canceller
i els homes com vosaltres contents de venir a trucar a la meva porta.
No solament a la Cort, sinó també al camp
i al torneig vaig fer-los rendir més d'una vegada.
¿Si aleshores vaig governar com àliga entre colomins,
hauré de fer ara de llop entre els llops?
Seguiu amb les vostres maquinacions com fins ara haveu fet;
ningú no podrà dir que jo vaig trair el meu rei.

TEMPTADOR III

Si és així, senyor, mai més no trucaré a la teva porta.
I espero de grat que abans no arribi la primavera,
el rei et mostri la seva estima per la teva lleialtat.

TOMÀS

Construir i després destruir. No és la primera vegada que em ve aquest pensament,
és el terrible exercici del poder que va de baixa.
Ni el mateix Samsó no va fer pas més a Gaza.
Però si he de destruir, cal que sigui jo sol el destruït.
(*Entra el Temptador IV.*)

TEMPTADOR IV

Molt ben fet, Tomàs. La teva voluntat és dura de tòrcer.
I amb mi al teu costat, no et mancarà un amic.

TOMÀS

Qui ets? Esperava tres visitants,
i no quatre.

TEMPTADOR IV

No t'ha de sorprendre rebre'n un de més.
Si m'haguessis esperat, hauria arribat abans.
Sempre m'avanço a l'espera.

TOMÀS

Qui ets?

TEMPTADOR IV

Ja que no em coneixes, no necessito nom,
I, ja que em coneixes, per això he vingut.
Prou que em coneixes, però mai no havies vist el meu rostre.
Fins ara mai no havíem tingut lloc ni temps per trobar-nos.

TOMÀS

Digues el que has vingut a dir.

TEMPTADOR IV

Doncs t'ho diré.
Amb bocins del passat han fet esquer pels hams.
El desenfrenament és feblesa. Per part del rei,
el seu odi endurit no tindrà fi.
Tu saps prou bé que el rei no es fiarà mai dues vegades
de l'home que ha estat el seu amic.
Et demanarà els teus serveis amb la prudència d'un préstec,
durant tot aquell temps que els hi puguis donar.
Tu, aixafat i desfet, esperaràs que la trapa caigui
després d'haver fet aquests serveis.
Per part dels barons, l'enveja del més petit
és més tenaç encara que l'enuig del rei.
Pertoca als reis la política pública. Als barons el profit personal,
que cerquen amb una rabiosa gelosia, pròpia del dimoni.
Els barons són útils només un contra l'altre i
els enemics més grans han de destruir els reis.

TOMÀS

Quin consell em dónes?

TEMPTADOR IV

Anar endavant fins a la fi.

Tots els altres camins estan tancats per a tu
excepte el que ja has escollit.
Però, ¿què és el plaer, el govern reial,
el govern dels homes que estan sota el rei,
amb hàbils estratagemes i furtius artificis,
al costat de poder retenir el domini de l'esperit?
El pecat lliga l'home, d'ençà la caiguda d'Adam...
Tu tens les claus del cel i de l'infern.
El poder de lligar i deslligar: que lliga, Tomàs, que lliga
el rei i els bisbes sota els teus peus.
Rei, emperador, bisbe, baró, rei:
dominis insegurs d'exèrcits fugissers,
guerra, pesta, i revolució,
noves conspiracions, pactes trencats;
passar d'amo a servent en una hora,
aquest és el curs que segueix el poder temporal.
Ho aprendrà el rei envellit, quan a l'últim alè,
sense fills, sense imperi, es rosegui les dents trencades.
Tu tens el cabdell: cabdella, Tomàs, cabdella
el fil de la mort i de la vida eterna.
Tu tens aquest poder, mantén-lo.

TOMÀS

És el més gran d'aquesta terra?

TEMPTADOR IV

El més gran, llevat d'un.

TOMÀS

Això no ho entenc.

TEMPTADOR IV

No és cosa meva de dir-te per què això és així;
jo només he vingut per dir-te, Tomàs, tot allò que ja saps.

TOMÀS

Fins quan durarà?

TEMPTADOR IV

Llevat del que ja saps, no em preguntis res.
Però pensa, Tomàs, pensa en la glòria que segueix la mort.
Quan el rei mor, un altre rei el segueix,
i un altre rei és un altre regne.
El rei és oblidat, quan n'arriba un altre:
però sants i màrtirs governen des de la tomba.

Pensa, Tomàs, pensa en els enemics vençuts,
que per por del càstig, s'espanten de la tenebra;
pensa en els peregrins, fent una llarga cua,
davant la teva tomba resplendent de joies,
generació darrera generació,
flectant el genoll tot pregant,
pensa en els miracles, per la gràcia de Déu,
i pensa en els teus enemics, en un lloc ben diferent.

TOMÀS

He pensat en tot això.

TEMPTADOR IV

Per això t'ho dic.
El teu pensament té més força que els reis per deixar-se tòrcer.
També has pensat de vegades en la teva pregària,
potser prenent alè en un replà de l'escala,
potser entre son i son, quan el dia s'aixeca,
quan l'ocell xiscla, has pensat en una befa futura.
Que no hi ha res durable, que la roda volta,
i que l'au es lamenta quan li remenen el niu;
que la teva tomba serà violada, i l'or venut,
i que les joies serviran per guarnir marfantes,
que el santuari serà enrunat i els seus tresors
cauran en mans de paràsits i barjaules.
Quan s'acabin els miracles els fidels s'allunyaran de tu.
I els homes faran tot el que puguin per oblidar-te.
I després serà pitjor, quan ja no trobaran prou odi
per difamar-te o abominar-te,
però sospesaran les qualitats que et mancaven,
mirant només de descobrir el fet històric.
Quan els homes diran que no hi va haver misteri
en aquell home que va jugar un cert paper en la història.

TOMÀS

Però, què és el que haig de fer? Què queda per fer?
No es pot obtenir cap corona perdurable?

TEMPTADOR IV

Sí, Tomàs, sí; també has pensat en això.
¿Què es pot comparar amb la glòria dels sants
que habiten per sempre en la presència de Déu?
¿Quina glòria terrena, de rei o emperador,
quin orgull terrenal hi ha, que no sigui misèria
si es compara amb la riquesa de l'esplendor del cel?

Mira d'aconseguir el martiri, fes-te tu mateix el més petit
en la terra, per tal d'esdevenir el més gran en el cel.
I contempla allà baix sota teu, on tot és abisme,
els teus perseguidors, amb turments eterns,
inflamats en un dolor impossible d'expiar.

TOMÀS

No!
¿Qui ets tu que em temptes amb els meus propis desigs?
D'altres vingueren abans, temptadors temporals
amb plaer i poder a un preu abastable.
Però tu, què ofereixes? Però tu, què demanes?

TEMPTADOR IV

T'ofereixo el que desitges. Et demano
el que cal que donis. ¿Potser és massa
per a semblant visió de la grandesa eterna?

TOMÀS

D'altres m'oferiren béns veritables, sense valor
però veritables. Tu només m'ofereixes
somnis de perdició.

TEMPTADOR IV

Que molt sovint has somniat.

TOMÀS

¿És que no hi ha cap camí, en la feblesa de la meva ànima,
que per l'orgull no porti a la condemnació?
Sé massa bé que aquestes temptacions
són ara vanitat i després seran turment.
¿És que l'orgull pecador pot arrencar-se
només amb un altre d'encara pitjor? ¿És que no puc ni fer ni sofrir
sense condemnar-me?

TEMPTADOR IV

Saps i no saps, què és fer i què és sofrir.
Saps i no saps, que l'acció és sofriment
i el sofriment és acció. Ni el qui actua sofreix
ni el qui pateix actua. Però l'un i l'altre estan lligats
en una acció eterna, en una paciència eterna
que tots han de consentir perquè pugui ésser estimada,
i que tots han de sofrir per poder estimar-la,

i que el model subsisteixi, i que volti la roda fins que pugui aturar-se
per sempre.

Cor

No hi ha repòs a la casa. No hi ha repòs al carrer.
Sento moviments de peus inquiets. I l'aire és pesat i massís.
Massís i pesat també el cel. I la terra fa força contra els nostres peus.
Què és aquesta olor malaltissa, aquest baf? ¿Aquesta fosca llum verda que cau des d'un núvol sobre un arbre marcit? La terra panteixa per tal d'infantar una nissaga d'infern. ¿Què és aquesta rosada enganxosa que se'm forma al revés de la mà?

Els quatre Temptadors

La vida de l'home és engany i desil·lusió;
tot és irreal,
irreal o defraudador:
la roda Caterina, el gat de la pantomima,
els premis que es donen a la festa dels nens,
el premi concedit a un bon llibre,
el títol de llicenciat, la condecoració del polític.
Totes les coses esdevenen poc reals, l'home passa
d'irrealitat en irrealitat.
Aquest home s'obstina, cegament, decidit
a la pròpia destrucció.
Va de decepció en decepció,
de grandiositat en grandiositat fins a la darrera il·lusió,
perdut en el miracle de la seva grandesa,
enemic de la societat, enemic d'ell mateix.

Els tres Sacerdots

Oh, Tomàs, senyor nostre, no vulgueu combatre les ones indòcils,
no vulgueu navegar amb el vent contrari; enmig de la tempesta,
no esperem que el mar s'apaivagui? El vianant
que es perd de nit, ¿no espera l'alba per trobar el camí?
I el mariner, no coneix el seu rumb segons el sol?

Cor, Sacerdots, Temptadors (*alternativament*)

C. És l'òliba que crida, o un senyal entre els arbres?
S. ¿Estan barrades les finestres, les portes estan tancades amb pany i clau?

T. ¿És la pluja el que bat a la finestra, és el vent que empeny la porta?
C. ¿Flameja la torxa al vestíbul, el canelobre a la sala?
S. ¿Camina el sentinella arrambat al mur?
T. ¿Ronda el mastí prop la porta?
C. La mort té cent mans i es passeja per mil camins.
S. Pot arribar a la vista de tothom, i pot passar sense ésser vista ni sentida.
T. Pot venir parlant a cau d'orella o amb un cop per sorpresa al crani.
C. Un home pot anar caminant amb un llum a la nit, i no obstant rodolar pel precipici.
S. Un home pot pujar les escales a ple dia, i tanmateix relliscar en un graó esquerdat.
T. Un home pot seure a la taula, i tanmateix sentir el fred al moll de l'os.

COR

No hem estat molt felices, senyor, no hem estat massa felices.
No som dones ignorants, sabem el que cal esperar
i el que cal no esperar.
Sabem què és l'opressió i el turment,
sabem què és l'extorsió i la violència,
la misèria i la malaltia,
el vell sense foc a l'hivern,
l'infant sense llet a l'estiu,
el nostre treball que ens el prenen,
els pecats que ens els fan més feixucs quan són nostres.
Hem vist el jove mutilat,
la verge violada tremolant a la vora del molí.
I mentrestant hem anat vivint,
vivint i mig vivint,
ajuntant les estelles,
recollint la llenya al capvespre,
construint un tros de refugi
per dormir, i menjar, i beure, i riure.

Déu sempre ens va donar alguna raó, alguna esperança; però ara ens ha fiblat un esglai nou, que ningú no pot aturar, que ningú no pot evitar relliscant per sota dels nostres peus i aletejant dalt del cel;
sota les portes i per les xemeneies, penetrant per les orelles i els llavis i els ulls.
Déu ens abandona, Déu ens abandona, més angoixa, més dolor que quan naixem o morim.

Per l'aire ennegrit arriba una olor asfixiant,
embafadora i dolça, de desesperació;
les ombres prenen cos en l'aire enfosquit:
ronc i afalac de lleopard, pelfuda petjada d'ós,
acaronament de mà de mona grimpadora, la hiena espera esclatar
en rialla, rialla, rialla. Els déus de l'infern ja s'acosten,
s'entortolliguen al teu cos, s'arrosseguen als teus peus, voleien i es gronxen per l'aire ennegrit.
Oh, Tomàs, arquebisbe! Salva'ns, salva'ns, salva't perquè nosaltres puguem ésser salvats; si et destrosses, nosaltres serem destruïts.

TOMÀS

El camí està desbrossat i la intenció ben clara.
Aquesta temptació d'ara no tornarà pas.
La darrera temptació és la traïció més gran:
fer el que s'ha de fer per una falsa raó.
La natural força del pecat venial
és el camí on comencen les nostres vides.
Trenta anys enrera jo vaig buscar els camins
que portaven al plaer, al progrés i a la fama.
Delectança dels sentits, del saber i del pensament,
música i filosofia, curiositat,
el pinsà escarlata cantant entre les liles,
la destresa del torneig, l'estratègia dels escacs,
amor enmig de flors, cantant amb instruments,
tot m'arrossegava amb igual desig.
L'ambició es fa viva quan es perd la força de la jovenesa
i quan tot sembla ja impossible.
L'ambició arriba d'amagat i sense que un se n'adoni.
Tot fent el bé es va teixint el pecat. Quan vaig imposar la llei del rei
a Anglaterra, i quan vaig declarar la guerra amb ell contra Tolouse,
vaig vèncer els barons amb el seu mateix joc.
Vaig poder menysprear aleshores aquells qui em tenien pel més menyspreable,
la grollera noblesa, de costums tan deixats com les ungles dels seus dits.
Mentre menjava en el plat del meu rei
mai no havia pensat esdevenir servent de Déu.
El servent de Déu pot caure en pecats més grans
i amb més angoixa, que no l'home que serveix un rei.

Perquè aquells qui serveixen la millor causa, poden fer que la causa els serveixi a ells,
fins i tot fent el bé: i en la lluita amb els homes d'estat
poden capgirar la causa política, no pas pel que fan
sinó pel que són. Sé
que el que encara em resta per contar-vos de la meva història
us pot semblar a la majoria, en el millor cas, un foc d'encenalls,
inconcebible suïcidi d'un llunàtic,
arrogant passió d'un fanàtic.
Sé que la història de tots els temps ha tret
les més estranyes conseqüències de les causes més llunyanes.
Però de cada malifeta, de cada sacrilegi,
crim, greuge, opressió i cop de destral,
indiferència o explotació, en rebreu, tu, i tu,
i tu, el càstig merescut. I tu també.
Ja no faré res més ni sofriré pas abans de la fi de l'espasa.
I tu, Àngel bo, escollit per Déu
per ser el meu guardià, arrecera ja amb les teves ales la punta de l'espasa.

Interludi

L'ARQUEBISBE

predica a la catedral el matí de Nadal de 1170.

«Glòria a Déu a les altures, i a la terra, pau als homes de bona voluntat.» *Verset catorze, del capítol segon de l'evangeli segons sant Lluc.* En el nom del Pare, i del Fill, i de l'Esperit Sant. Amén.

Estimats fills de Déu, el meu sermó, en aquest matí de Nadal, serà molt breu. Només voldria que meditéssiu, en la pregonesa dels vostres cors, el profund significat i el misteri de les Misses del dia de Nadal. Perquè cada vegada que diem missa, es renova la Passió i Mort de Nostre Senyor; i en aquest dia de Nadal, ho fem per celebrar el seu naixement. I així, ens alegrem ensems per la seva vinguda per salvar els homes, i oferim de nou a Déu el seu Cos i la seva Sang en sacrifici, oblació i satisfacció pels pecats del món sencer. Va ésser en aquesta mateixa nit, que tot just ha finit, quan una multitud d'àngels del cel s'aparegué als pastors de Betlem, dient: «Glòria a Déu a les altures i pau a la terra als homes de bona voluntat»; i és aquest l'únic dia en tot l'any que celebrem juntament el naixement del Nostre Senyor i la seva Passió i Mort en Creu. Estimats, als ulls del món, és aquesta una estranya manera de comportar-se. Perquè, ¿qui és que en el món plorarà i fruirà al mateix temps i per la mateixa raó? Ja que, o bé la joia serà ofegada pel plor, o bé el plor serà foragitat per la joia; és només en els nostres misteris cristians on fruïm i plorem juntament per la mateixa raó. I ara, penseu per un instant en la significació d'aquesta paraula: «pau». ¿Sembla estrany que els àngels proclamessin la Pau, quan el món ha estat flagel·lat sense parar per la guerra i per la por de la guerra? ¿Sembla que les veus angèliques anaven errades, i que la promesa no fou altra cosa que mentida i engany?

Reflexioneu també, de quina manera Nostre Senyor mateix va parlar de la pau. Ell digué als seus deixebles: «La pau us deixo, la meva pau us dono.» ¿Parlava de la pau tal com nosaltres l'entenem: el regne d'Anglaterra en pau amb els seus veïns, els barons en pau amb el rei, el cap de casa passant comptes dels seus pacífics guanys, amb la llar neta, el vi millor per a l'amic que seu a taula, i la dona cantant als seus infants? Però els qui foren els seus deixebles no conegueren pas aquestes coses: marxaren lluny fent llargues jornades, passaren sofriments sense nombre en terra i en mar, conegueren el turment, la presó, desil·lusions, la mort del martiri. Quin sentit li donava, doncs, Nostre Senyor? Si em pregunteu això, recordeu que també Ell digué: «La pau que jo us dono no es pas com el món la dóna.» Així, Ell deixà la pau als seus deixebles, però no pas la pau que dóna el món.

Considereu també una cosa en la qual potser no heu pensat mai. Per Nadal, no celebrem només al mateix temps el naixement del Nostre Senyor i la seva mort, sinó que l'endemà celebrem el martiri del primer màrtir, sant Esteve. ¿Creieu que és per casualitat que la diada del primer màrtir segueixi immediatament el dia del naixement de Crist? No ho penseu pas. Ja que així com gaudim i plorem alhora pel naixement i passió de Nostre Senyor, així també, en un grau més petit, gaudim i plorem per la mort dels màrtirs. Plorem, pels pecats del món que els martiritzà; ens alegrem, perquè una ànima més es troba entre el nombre dels sants del cel, per a glòria de Déu i salvació dels homes.

Estimats, no pensem en un màrtir simplement com en un bon cristià que ha estat privat de la vida pel fet d'ésser cristià: ja que en aquest cas no faríem altra cosa que plorar. No pensem en ell simplement com en un bon cristià que ha estat enlairat a la companyia dels sants: ja que en aquest cas no faríem sinó alegrar-nos: i ni el nostre plor ni la nostra joia no són com les del món. Un martiri cristià no es dóna mai per casualitat, perquè un sant no neix mai per casualitat. I encara menys un martiri cristià és el resultat de la voluntat d'un home que vol esdevenir sant, com podria succeir amb aquell que volgués arribar a governar els homes. Un martiri és sempre voluntat de Déu, del seu amor vers els homes, per tal d'aconsellar-los i conduir-los, a fi de tornar-los a portar als seus camins. Mai no depèn de la voluntat humana; perquè el veritable màrtir és aquell que ha esdevingut instrument de Déu, que ha lliurat la seva voluntat a la voluntat de Déu, i que res ja no desitja per a ell mateix, ni tan sols la glòria d'ésser màrtir. És així com a la terra l'Església plora i frueix al mateix temps d'una manera que el món no pot entendre; és així com en el cel, els sants tenen un lloc elevat, perquè es tingueren pels més petits, i se'ls veu no pas com nosaltres els veiem, sinó a la llum de Déu d'on arrenca el seu mateix ésser.

Us he parlat avui, estimats fills de Déu, dels màrtirs del passat, i us voldria demanar que tinguéssiu un record especial pel nostre màrtir de Canterbury, el sant arquebisbe Elphege; perquè em sembla oportú recordar, en el dia en què celebrem el naixement de Crist, quina és la pau que Ell ens portà; i perquè no crec, fills estimats, que us torni a predicar altra vegada; i perquè és possible que molt aviat tingueu ja un altre màrtir i que potser no serà l'últim. Voldria que conservéssiu en el vostre cor aquestes paraules que us adreço i que penseu en elles en un altre moment. En el nom del Pare, i del Fill, i de l'Esperit Sant. Amén.

Segona part

PERSONATGES

TRES SACERDOTS
QUATRE CAVALLERS
L'ARQUEBISBE TOMÀS BECKET
COR DE DONES DE CANTERBURY
CRIATS

La primera escena al Palau de l'arquebisbe. La segona escena a la Catedral, el 29 de desembre de 1170.

Cor

Refila l'ocell al sud?
És només la gavina que xiscla, arrossegada terra endins per la tempesta.
Quin senyal hi ha enguany de la primavera?
Només la mort del vell: ni un moviment, ni un brot ni un alè.
Comencen ja a allargar-se els dies?
Com més llarg i fosc és el dia, més curta i freda és la nit.
L'aire és silenciós i sufocant: el vent es va arrecerant a l'est.
La cornella famolenca s'atura enmig del camp, atenta; i a dins del bosc
l'òliba assaja el seu profund cant de mort.
Quin senyal hi ha d'una amarga primavera?
El vent s'arrecera a l'est.
Com! ¿a l'època del naixement del Nostre Senyor, per Nadal,
no hi ha pau damunt la terra, ni bona voluntat entre els homes?
La pau d'aquest món sempre és incerta si els homes no guarden la pau de Déu.
I la guerra entre els homes embruta aquest món, però la mort de Nostre Senyor el fa nou,
i cal purificar el món durant l'hivern, altrament només tindrem
una magra primavera, un estiu ressec, una collita estèril.
Entre Nadal i Pasqua, quina feina s'haurà fet?
El pagès sortirà pel març i remourà la mateixa terra
que ell mateix ja havia remogut, i l'ocell refilarà la mateixa cançó.
Quan neix la fulla de l'arbre, quan el saüc i l'atzeroler
floreixen prop del rierol, i l'aire és pur i transparent,

i s'escolten cantúries a les finestres, i els infants saltironen davant la porta,
¿Quina feina s'haurà fet, quin mal
haurà embolcallat la cançó de l'ocell, haurà embolcallat l'arbre verd, quin mal
haurà embolcallat la terra flonja? Nosaltres esperem, i el temps és breu
però l'espera és llarga.

(*Entra el Sacerdot I, enarborant un estendard de sant Esteve davant seu. Els versos en itàliques són els que es canten.*)

SACERDOT I

Ha passat un dia d'ençà de Nadal: i avui és la diada de sant Esteve, el primer màrtir.
S'han assegut els prínceps per parlar falsament contra mi.
És un dels dies que més estimava l'arquebisbe Tomàs.
Flectava els genolls i cridava en veu alta:
Senyor, no els tingueu en compte aquest pecat.
S'han assegut els prínceps.

(*Se sent l'introit de la missa de sant Esteve.*)

(*Entra el Sacerdot II, enarborant un estendard de sant Joan Apòstol davant seu.*)

SACERDOT II

Ha passat un dia d'ençà de sant Esteve; i avui és el dia de sant Joan Apòstol.
Enmig de l'assemblea va obrir la boca.
Allò que fou el principi, allò que hem escoltat,
que hem vist amb els nostres ulls, i han tocat les nostres mans
de la paraula de vida; allò que hem vist i escoltat
ho proclamen davant vostre.
Enmig de l'assemblea.

(*Se sent l'introit de la missa de sant Joan Apòstol.*)

(*Entra el Sacerdot III, enarborant un estendard dels Sants Innocents davant seu.*)

SACERDOT III

Ha passat un dia d'ençà de sant Joan Apòstol; i avui és el dia dels Sants Innocents.
 De la boca dels infants, oh Déu.

Talment un bramul de moltes aigües, talment l'espetec d'un tro, o el so de les cítares,
cantaven una mena de nova cançó.
La sang dels màrtirs l'han vessada com aigua,
i no hi havia cap home que els enterrés. Vengeu, Senyor,
la sang dels vostres sants. A Rama, es va sentir una veu, un plor.
De la boca dels infants, oh Déu.

(*Els Sacerdots es posen l'un al costat de l'altre, enarborant els estendards.*)

SACERDOT I

Ha passat un dia d'ençà dels Sants Innocents: i avui és el quart d'ençà de Nadal.

ELS TRES SACERDOTS

Esclatem de joia en celebrar aquest dia.

SACERDOT I

S'oferí pels pecats del seu poble i pels seus propis pecats.
Lliurà la seva vida per les ovelles.

ELS TRES SACERDOTS

Esclatem de joia en celebrar aquest dia.

SACERDOT I

Avui?

SACERDOT II

Avui, què és avui? El sol ja s'està ponent.

SACERDOT I

Avui, què és avui? Només un altre dia, capvespre d'aquest any.

SACERDOT II

Avui, què és avui? Una altra nit, i una altra albada.

SACERDOT III

¿Quin és el dia que sabem que esperem o que ens fa por?
Cada dia és el dia que hauríem de témer o potser esperar. Cada instant
pesa tant com l'altre. Només amb el record, fent selecció,
podem dir que aquell era el dia. El moment crític

que és sempre present, i que sempre és aquí. Fins i tot ara, en la foscor de cadascú,
podria aparèixer el designi etern.

(*Entren els quatre Cavallers. Desapareixen els estendards.*)

CAVALLER I

Som servents del rei.

SACERDOT I

Us coneixem.
Benvinguts. Veniu de molt lluny?

CAVALLER I

Avui no venim de molt lluny, però assumptes urgents ens han fet venir de França. La primera fou una jornada dura,
pujàrem al vaixell ahir, i arribàrem a port ja de nit.
I és que hi ha assumptes pendents amb l'arquebisbe.

CAVALLER II

Assumptes urgents.

CAVALLER III

De part del rei.

CAVALLER II

Per ordre del rei.

CAVALLER I

Els nostres homes són fora.

SACERDOT I

Ja coneixeu l'hospitalitat de l'arquebisbe.
Estàvem a punt d'anar a dinar.
El bon arquebisbe s'enfadaria
si no us oferíssim la seva acollida
abans de parlar-hi. Dineu amb nosaltres, si us plau.
Els criats tindran cura dels vostres homes.
Primer és el menjar que l'obligació. ¿Us agrada el porc a la brasa?

CAVALLER I

Primer és l'obligació que el menjar. Rostirem primer el vostre porc,
i després ja ens el menjarem.

CAVALLER II

Ens cal veure l'arquebisbe.

CAVALLER III

Aneu, digueu a l'arquebisbe
que no ens fa cap falta la seva hospitalitat.
Ja trobarem on dinar!

SACERDOT I

(*A un Criat.*)
Aneu, aviseu Sa Senyoria.

CAVALLER IV

Ens farà estar gaire estona més, esperant-lo aquí?
(*Entra Tomàs.*)

TOMÀS

(*Als Sacerdots.*)
Per més certa que sigui la nostra espera,
el moment previst ens pot atrapar per sorpresa
quan arriba. Se'ns acosta quan estem
distrets en assumptes d'altra mena.
Damunt la meva taula trobareu
els papers en ordre, i els documents signats.
(*Als Cavallers.*)
Sigueu benvinguts, sigui el que sigui el que us porta aquí.
¿Dieu que veniu de part del rei?

CAVALLER I

Ben cert que és de part del rei.
Cal que parlem amb vós tot sol.

TOMÀS

(*Als Sacerdots.*)
Deixeu-nos sols.
Digueu, què us porta?

CAVALLER I

De seguida ho sabreu.

ELS TRES CAVALLERS

Vós sou l'arquebisbe que es revoltà contra el rei; us revoltàreu contra el rei i la llei d'aquest país;

vós sou l'arquebisbe que el rei escollí; ell us col·locà a la vostra seu per tal que acomplíssiu les seves ordres.
Sou el seu criat, el seu instrument, el seu bastaix,
se us van lliurar tots els seus beneficis,
obtinguéreu tots els vostres honors de la seva mà; d'ell tinguéreu el poder, el segell i l'anell.
Aquest és l'home que era fill d'un mercader: el bordegàs de rebotiga nascut a Cheapside;
aquest és el bordegàs que s'enfilà fins al rei; inflat per l'orgull i inflat per la sang.
Vau sortir dels fangars de Londres,
com un poll quan s'arrossega per la vostra camisa,
aquest és l'home que va enganyar, va estafar i va mentir; que va trencar el jurament i va fer traïció al seu rei.

TOMÀS

Això no és veritat.
Tant abans com després de rebre l'anell
he estat un súbdit fidel al rei.
Salvat del meu sacerdoci, estic al seu servei,
com el vassall més fidel del país.

CAVALLER I

Salvat del vostre sacerdoci! Que us salvi, doncs, el vostre sacerdoci...
i això no crec pas que ho faci.
Salvat de la vostra ambició, potser voleu dir,
salvat del vostre orgull, la vostra enveja i rancúnia.

CAVALLER II

Salvat de la vostra insolència i cobdícia.
¿No ens demanareu que preguem a Déu per vós, quan ho necessiteu?

CAVALLER III

Sí, pregarem per vós!

CAVALLER I

Sí, pregarem per vós!

ELS TRES CAVALLERS

 Sí, pregarem perquè us ajudi.

TOMÀS
Però, senyors, aquell assumpte
que dèieu que era tan urgent, ¿era només
insultar i blasfemar?

CAVALLER I
Això ha estat només
la nostra indignació de súbdits fidels.

TOMÀS
Fidels? A qui?

CAVALLER I
Al rei!

CAVALLER II
Visca el rei!

CAVALLER III
Visca el rei!

ELS TRES CAVALLERS
Déu el beneeixi!

TOMÀS
Si és així tingueu cura d'aquest nou mantell de fidelitat que porteu,
mireu de no embrutar-lo ni esquinçar-lo.
Teniu res més a dir?

CAVALLER I
De part del rei.
Ho hem de dir ara?

CAVALLER II
Sense tardança,
abans que escapi la vella guineu.

TOMÀS
El que hàgiu de dir
de part del rei —si és que ve de part del rei—
ho haureu de dir en públic. Si m'heu d'acusar
vull desmentir en públic els meus càrrecs.

CAVALLER I
No! Aquí i ara!

(*Van per atacar-lo, però els Sacerdots i els Criats vénen de nou i es posen silenciosament entre uns i altres.*)

TOMÀS

Ara i aquí!

CAVALLER I

No faré esment dels vostres primers crims.
Són massa coneguts. Després de posar fi
a la discòrdia, a França, i d'haver-vos investit
amb els vostres privilegis, com mostràreu el vostre agraïment?
Vàreu fugir d'Anglaterra, no fóreu exiliat
ni amenaçat per ningú, recordeu-ho; marxàreu potser amb l'esperança
de portar enrenou a les terres franceses.
Sembràreu discòrdia fora d'Anglaterra, humiliàreu
el rei davant el rei francès, davant el Papa,
escampant contra ell opinions falses.

CAVALLER II

Tanmateix, el rei, per pura caritat,
pressionat pels vostres amics, us oferí clemència,
va fer un pacte de pau, i acabant les disputes
us va enviar de nou a la vostra seu com volíeu.

CAVALLER III

I enterrant el record de les vostres faltes,
us retornà l'honor i tots els béns.
Tot se us va retornar com volíeu:
tanmateix, repeteixo, quin agraïment mostràreu?

CAVALLER I

Excomunicàreu aquells qui havien coronat el jove príncep,
negant que fos legal la seva coronació.

CAVALLER II

Els lligàreu amb cadenes d'anatema.

CAVALLER III

Utilitzàreu tots els mitjans que teníeu a l'abast
contra els fidels servidors del rei, contra aquells qui arranjaven
els seus assumptes i els de la nació quan ell no hi era.

CAVALLER I

Aquests són els fets.
Digueu, per tant, si esteu disposat
a respondre de tot en presència del rei. Per això hem vingut.

TOMÀS

Mai no va ser el meu propòsit
de destronar el fill del rei, ni disminuir
el seu honor ni el seu poder. Però ell, ¿per què desitja
allunyar-me del meu poble i tenir-me lluny dels meus
i fer-me seure a la seu de Canterbury tot sol?
Tres són les corones que voldria per a ell i no una.
I pel que fa als bisbes, no sóc jo qui imposà
damunt d'ells l'excomunió, i no em correspon revocar-la.
Que vagin al Papa. Va ésser ell qui els va condemnar.

CAVALLER I

L'excomunió va venir de vós.

CAVALLER II

Vós ho podeu arranjar.

CAVALLER III

Perdoneu-los.

CAVALLER I

Perdoneu-los.

TOMÀS

No puc pas negar
que jo vaig ser-ne la causa. Però no és cosa meva
perdonar aquells qui el Papa ha condemnat.
Que vagin a trobar-lo, ja que fins a ell arriba
el menyspreu que senten per mi, i el menyspreu que han demostrat per l'Església.

CAVALLER I

Sigui com sigui, l'ordre del rei és aquesta:
que vós i els qui us serveixen marxeu d'aquesta terra.

TOMÀS

Si *és aquesta* l'ordre del rei, gosaré
dir: el meu poble ha estat set anys
sense la meva presència; set anys de misèria i de plany.
He mendicat set anys la caritat estrangera.

M'he anat esllanguint lluny d'aquí: set anys no són curts.
Aquests anys, no faré que retornin de nou.
No dubteu gens ni mica que mai, que mai més,
el mar no tornarà a separar el pastor i el ramat.

CAVALLER I

Esteu insultant amb gran insolència
la justícia del rei, la majestat del rei;
home insolent i foll que penseu que ningú no podrà impedir
la deshonra dels seus servents i ministres.

TOMÀS

No sóc pas jo qui insulta el rei.
D'altra banda hi ha Algú que està per damunt de mi o del rei.
No sóc pas contra jo, Becket de Creapside.
No és pas contra mi, Becket, contra qui lluiteu.
No és pas tampoc Becket qui dicta la sentència,
sinó la llei de l'Església de Crist, el tribunal de Roma.

CAVALLER I

Pare, heu parlat arriscant la vostra vida.

CAVALLER II

Pare, heu parlat temptant el ganivet.

CAVALLER III

Pare, heu parlat amb traïció i falsia.

ELS TRES CAVALLERS

Pare! Traïdor, confirmat en la traïdoria.

TOMÀS

Sotmeto la meva causa al tribunal de Roma.
Però si em mateu, m'alçaré de la tomba
per tal de sotmetre la causa davant el tron de Déu.
(*Surt.*)

CAVALLER IV

Pare, monjo i servent! Agafeu-lo, pareu-lo, atureu-lo,
en nom del rei, atureu aquest home.

CAVALLER I

O respondreu d'ell amb la vostra vida.

CAVALLER II
Prou de paraules.

ELS QUATRE CAVALLERS
Venim per fer la justícia del rei, vinguem amb espases.
(*Surten.*)

COR
He flairat els missatgers de la mort, els meus sentits s'han desvetllat
amb presagis subtils; he sentit
el so de la flauta a mitjanit, el so de la flauta i les òlibes, he vist a migdia
ales d'escama baixant damunt nostre, enormes i ridícules. He tastat
el gust de la carn podrida a la cullera. M'he adornat
del panteix de la terra al capvespre, intranquil, absurd. He sentit
rialles en els sons de les bèsties que fan sons estranys: el xacal, el xot i la xibeca; el soroll escorredís del ratolí i de l'esquirol; la rialla del cabussot, del pigot garser. He vist
goles grises recargolades, cues de rata entortolligant-se, a la llum fangosa de l'alba. He menjat
bèsties llefiscoses, encara vives, amb el regust fort de sal de tot el que viu sota la mar; he tastat
la llagosta viva, el cranc, l'ostra, el bucci i la gamba; que viuen i escorxen les meves entranyes, i les meves entranyes es fonen a la llum de l'alba. He flairat
la mort dins la rosa, mort dins la malva, el pèsol d'olor, el jacint, la prímula i la margaridoia. He vist
trompes i banyes, ulls i ungles, en indrets estranys;
he jagut al fons de la mar i he respirat amb el mateix alè de l'actínia, he engolit com una esponja afamada. M'he ajagut per terra i criticat el cuc. A l'aire
he coquetejat amb la voladissa del milà. M'he tirat damunt la presa com el milà i m'he acoquinat com el reietó. He sentit el frec
de l'antena de l'escarabat, de l'escata de l'escurçó, de la pell que es va movent, insensible i dura, de l'elefant, del fugisser costat del peix. He flairat
corrupció al plat, encens a la latrina, claveguera a l'encens, l'olor de sabó perfumat al caminet del
bosc, un dolç i diabòlic perfum al caminet del bosc, mentre la terra panteixava. He vist
cèrcols lluminosos que baixaven entortolligant-se,

relliscant per l'aire
davant l'horror del simi. ¿És que jo no ho sabia, és que jo no ho sabia
el que anava a esdevenir? Era aquí mateix, a la cuina, al passadís,
a la quadra, al graner, a l'estable, al mercat,
a les nostres venes, a les nostres entranyes, dins els nostres cranis de la mateixa manera,
de la mateixa manera que enmig de les conspiracions dels potentats,
de la mateixa manera que en les consultes dels poderosos.
Tot el que es teixeix al teler del destí,
tot el que es teixeix al consell dels prínceps,
es teixeix també a les nostres venes, als nostres cervells,
es teixeix fent un dibuix de cucs vius
al ventre de les dones de Canterbury.

He flairat els missatgers de la mort; ara és massa tard
per fer res, massa aviat per penedir-se.
Res no és possible llevat del vergonyós mareig
de qui es lliura a la darrera humiliació.
Jo m'hi he lliurat, senyor arquebisbe, jo m'hi he lliurat.
M'han esqueixat, esclafat, violat,
m'han unit a la carn espiritual de la natura,
m'han governat amb els poders animals de l'esperit,
m'han dominat amb l'anhel de la pròpia destrucció,
per la definitiva, total, extrema mort de l'esperit,
amb un èxtasi final de solitud i vergonya.
Oh, senyor arquebisbe, oh, arquebisbe Tomàs, perdona'ns, perdona'ns, prega per nosaltres i nosaltres pregarem per tu, des de l'abisme de la nostra vergonya.
(*Entra Tomàs.*)

TOMÀS

La pau sigui amb vosaltres. Estigueu en pau amb els vostres pensaments i les vostres visions.
Aquestes coses havien de venir i les havíeu d'acceptar,
és la vostra participació en la tasca eterna,
en la glòria eternal. Aquest només és un instant,
però sapigueu que un altre
us farà estremir amb una joia inesperada i dolorosa
quan es vegi la fi de l'obra del designi de Déu.
Després anireu oblidant tot això amb la feina de la casa,
i ho anireu recordant, asseguts a la vora del foc,
quan la vellesa i l'oblit endolceixin el record

fent-lo com un somni que ha estat explicat molt sovint
i que sovint l'han anat canviant en contar-lo. Tot semblarà irreal.
La raó humana no pot aguantar massa realitat.
(*Entren els Sacerdots.*)

SACERDOTS

(*Separadament.*)
Senyor, no us entretingueu aquí. Entreu a la catedral. Pel claustre. No es pot perdre temps. Tornen i vénen armats. A l'altar, a l'altar.

TOMÀS

Durant tota la vida s'han anat acostant aquests passos. Durant tota la vida
els he esperats. La mort vindrà només quan en sigui digne,
i si en sóc digne, aleshores no cal témer res.
Per tant, no haig de fer cap més cosa que perfeccionar el meu desig.

SACERDOTS

Senyor, ja vénen. Ens cauran a sobre d'un moment a l'altre.
Us volen matar. Veniu a l'altar.
De pressa, senyor. No us quedeu aquí enraonant. No és raonable.
Què serà de nosaltres, senyor, si us maten? Què serà de nosaltres?

TOMÀS

Pau! Estigueu tranquils! Recorden on sou, i el que està succeint;
no busquen cap vida llevat de la meva,
i jo no estic pas en perill: només a prop de la mort.

SACERDOTS

Senyor, veniu a vespres! No podeu estar absent de les vespres. No podeu estar absent de l'ofici diví. Veniu a vespres. Entreu a la catedral!

TOMÀS

Aneu a les vespres, recordeu-me en la vostra pregària.
Trobaran el pastor aquí; el ramat se salvarà.
He sentit un tremolor de goig, un llampegueig de cel, un xiuxiueig,

i no voldria fer-me esperar per més temps, tot
avança cap a una fi joiosa.

SACERDOTS

Agafeu-lo! Empenyeu-lo! Arrossegueu-lo!

TOMÀS

No em toqueu!

SACERDOTS

Veniu a vespres! Correu!

(*L'arrosseguen. Mentre parla el Cor, canvia l'escena, traslladant-se a la catedral.*)

COR

(*Mentre un cor llunyà canta un «Dies Irae» en llatí.*)

La mà enrampada i la parpella seca,
encara el terror però més terror
que quan un ventre és esquinçat.

Encara el terror, però més terror
que quan els dits es retorcen,
que quan el crani s'esberla.
Més que una remor de passes
més que una ombra a l'entrada
més que uns trons al vestíbul.

Els agents de l'infern s'esmunyen, els humans s'encongeixen i s'esvaneixen
entre la pols i el vent, oblidats, immemorials; només resta aquí
el pàl·lid i magre rostre de la mort, silenciosa serventa de Déu,
i darrera el rostre de la mort, el judici.

I darrera el judici, la buidor, més espantosa que els actius habitants de l'infern;
buidor, absència, allunyament de Déu;
l'horror del viatge sense esforç, en una terra buida
que no és ni terra, és només buidor, absència, el no-res,
on aquells que eren homes ja no poden girar el pensament
vers la diversió, l'engany, l'evasió del somni, vers la il·lusió,
on l'ànima ja no té cap decepció, perquè no hi ha objectes, ni sons,
ni colors, ni imatges que puguin distreure l'ànima, que puguin allunyar-la

de veure's ella mateixa, vilment lligada per sempre, el no-res amb el no-res.
No és pas allò que nosaltres anomenem mort, sinó
allò que més enllà de la mort no és mort,
el que temem, el que temem. ¿Qui prendrà la meva defensa,
qui intercedirà per mi, quan més falta em faci?

Salvador meu, mort a la creu,
que no sigui en va el sacrifici;
ajuda'm, Déu meu, en la meva por darrera.

Sóc pols i pols he de tornar-me,
em veig a sobre el darrer judici,
ajuda'm, Déu meu, que la mort s'acosta.
(A la catedral, Tomàs i els Sacerdots.)

SACERDOTS

Barreu la porta. Barreu la porta.
Ja hem barrat la porta.
Estem salvats. Estem salvats.
No gosaran entrar.
No poden entrar. No tenen prou força.
Estem salvats. Estem salvats.

TOMÀS

Desbarreu la porta! Obriu de bat a bat!
No vull que la casa d'oració, l'Església de Crist,
el santuari, esdevingui una fortalesa.
L'Església protegirà els seus amb els seus mitjans, no
amb el roure i la pedra; roure i pedra s'enrunen,
no poden durar, però l'Església és eterna.
L'Església estarà oberta, fins i tot pels enemics. Obriu la porta!

SACERDOT I

Senyor! aquests no són homes, aquests no vénen com
vénen els homes,
sinó com bèsties embogides. No vénen com els homes, que
respecten el santuari, que s'agenollen davant el Cos de Crist,
sinó com bèsties. Bé barraríeu la porta
contra el lleó, el lleopard, el senglar o el llop.
Amb més raó, doncs,
contra bèsties que tenen ànima de condemnats, contra homes
capaços de posar-se al nivell de les bèsties. Senyor! Senyor!

Tomàs

Desbarreu la porta!
Em preneu per temerari, desesperat i boig.
Vosaltres jutgeu pels resultats, com fa el món,
per decidir si un acte és bo o és dolent.
Mireu només el fet. En cada vida i en cada acció
es podrien trobar conseqüències de bé i de mal.
I així com amb el temps es confonen els efectes de diverses accions,
així el bé i el mal al final es barregen.
La meva mort no serà coneguda en el temps;
la meva decisió és presa fora del temps,
si se'n pot dir decisió,
d'allò que accepto amb tot el meu ésser.
Lliuro la meva vida
a la Llei de Déu, que està per damunt de la Llei de l'home.
Desbarreu la porta! Desbarreu la porta!
No estem pas aquí per vèncer amb lluita, estratagemes o resistència,
ni per lluitar contra bèsties amb forma humana.
Lluitàrem contra la bèstia
i la vencérem. La conquesta d'ara l'hem de fer
només amb sofriment. Aquesta és la victòria més fàcil.
Ara és el moment del triomf de la Creu, ara
obriu la porta! Ho mano. Obriu la porta!
(*Obren la porta. Entren els Cavallers, discretament beguts.*)

Sacerdots

Per aquí, senyor! De pressa. Per l'escala. Aneu a les golfes. Baixeu a la cripta. De pressa. Veniu. Arrossegueu-lo.

Cavallers

On és Becket, el traïdor al rei?
On és Becket, el capellà insolent?
Baixa, Daniel, a la cova dels lleons,
baixa perquè la bèstia t'esgarrapi.

T'has rentat ja amb la sang de l'Anyell?
Has rebut ja la urpada de la bèstia?
Baixa, Daniel, a la cova dels lleons,
baixa, Daniel, i uneix-te al tiberi.

On és Becket, el bordegàs de Cheapside?
 On és Becket, el capellà renegat?

Baixa, Daniel, a la cova dels lleons,
baixa, Daniel, i uneix-te al tiberi.

TOMÀS

L'home just és aquell
que, com el brau lleó, mai no té por de res.
Sóc aquí.
No sóc un traïdor al rei. Sóc un sacerdot,
un cristià, salvat per la sang de Crist,
a punt de donar la meva sang.
Sempre ha estat aquest el signe de l'Església,
el signe de la sang. Una sang per l'altra.
Ell la vessà per tal de comprar la meva vida,
jo vesso la sang per tal de pagar la seva mort,
una mort demana l'altra.

CAVALLER I

Perdoneu tots els qui heu excomunicat.

CAVALLER II

Renuncieu als poders que heu usurpat.

CAVALLER III

Torneu al rei les riqueses que heu robat.

CAVALLER I

Renoveu l'obediència que heu violat.

TOMÀS

Estic disposat a morir pel meu Senyor,
per tal que la seva Església pugui tenir pau i llibertat.
Feu de mi el que vulgueu, pel vostre descrèdit i vergonya.
Però, en nom de Déu, no tocareu pas ningú del meu poble,
sigui seglar o clergue.
Us ho prohibeixo.

CAVALLERS

Traïdor! Traïdor! Traïdor!

TOMÀS

Vos sí, Reginald, que sou tres vegades traïdor:
em traïu a mi, com a vassall temporal,
em traïu a mi, com a súbdit espiritual,
i traïu Déu, profanant la seva Església.

CAVALLER I

No haig d'ésser fidel a un renegat,
i si una cosa us devia, ara us la pagaré.

TOMÀS

Ara, al Déu omnipotent, a la benaurada sempre
Verge Maria, al benaurat Joan Baptista, als sants Apòstols Pere i Pau, al benaurat màrtir Dionís, a tots els sants, encomano la meva causa i la de l'Església.
(*Mentre els Cavallers l'assassinen, se sent el:*)

COR

Purifiqueu l'aire! Netegeu el cel! Renteu el vent! Agafeu les pedres una per una, i renteu-les.
La terra és bruta, l'aigua és bruta, les nostres bèsties i nosaltres mateixos estem tacats de sang.
Una pluja de sang m'ha cegat els ulls. On és Anglaterra? On para Kent? On és Canterbury?
Oh, lluny, lluny, lluny, lluny en el passat; i jo faig camí per una terra de troncs estèrils: però si els tallo vessen sang; camino d'esma per una terra de roques seques: però si les toco vessen sang.
¿Com, com podré tornar mai a les estacions benignes i plàcides?
Queda't, oh nit, amb nosaltres; para't, sol; atura't, temps, que no arribi l'alba, que no vingui la primavera.
¿Podré tornar a mirar el dia i les coses senzilles, si les haig de veure totes tacades de sang, darrera una pluja de sang que va caient?
No volíem que passés res.
Compreníem la desgràcia de cadascú,
les pèrdues personals, la misèria general,
vivint i mig vivint;
la por de la nit que s'acaba amb la feina del dia;
la por del dia que acaba amb el son;
però la xerrada al mercat amb l'escombra a la mà,
l'amuntegament de les cendres a mitjanit,
la descàrrega de llenya sobre foc de bon matí,
eren actes que posaven un límit al nostre sofriment.
Cada horror tenia el seu límit,
cada dolor una manera d'acabar-se:
a la vida, no hi ha temps per a un sofriment molt llarg.
Però aquest, aquest està fora de la vida, fora del temps,
és un instant etern de mal i de desgràcia.

Estem tacats amb una brutícia que no es pot netejar, lligats a la misèria sobrenatural.
Però no som només nosaltres, ni la casa, ni la ciutat, que estem tacats,
és tot el món que està com un femer.
Purifiqueu l'aire! Netegeu el cel! Renteu el vent! Agafeu les pedres una per una, separeu la pell de la carn, separeu el múscul de l'os, renteu el cervell, renteu l'ànima, renteu-los, renteu-los!

(*Els Cavallers, després d'acomplir l'assassinat, avancen fins al davant de l'escenari i es dirigeixen al públic.*)

CAVALLER I

Us preguem que estigueu uns moments per nosaltres. Ja sabem que potser esteu decantats a judicar desfavorablement la nostra acció. Sou anglesos i creieu, per tant, en el joc net: i quan veieu que quatre homes es tiren a sobre d'un home sol, aleshores aquest darrer s'emporta la vostra simpatia. Jo respecto els vostres sentiments i els comparteixo. Però, tot i així, apel·lo al vostre sentit de l'honor. Sou anglesos i, per tant, no judicareu mai ningú sense haver escoltat totes dues bandes. Això està d'acord amb l'antic principi del Tribunal per Jurats. Però jo no sóc pas l'indicat per exposar-vos el nostre cas. Sóc home d'acció i no de paraules. Per això mateix no faré res més que presentar els altres oradors que, amb les seves diverses habilitats, i diferents punts de vista, us podran posar a l'abast les facetes d'aquest problema extraordinàriament complex. Dono en primer lloc la paraula al més vell de nosaltres, al meu costat: el baró Guillem de Traci.

CAVALLER III

Em fa por que potser no trobareu en mi un orador tan experimentat com us hagi volgut fer creure el meu gran amic Reginald Fitz Urse. Però hi ha una cosa que m'agradaria dir i que és millor que us digui de seguida. És això: en el que acabem de fer, sigui el que sigui el que en penseu, hem actuat amb un desinterès total. (*Els altres Cavallers*: «Visca! Visca!») *Nosaltres*, no en traurem cap profit de tot això. Hi tenim molt més a perdre que a guanyar. Som quatre anglesos senzills, moguts abans que res pels interessos del país. Gosaria dir que no us hem fet una bona impressió quan arribàrem aquí fa uns moments. De fet, sabíem que ens havíem embolicat amb una feina bastant desagradable; parlaré per mi, us haig de dir que havia begut bastant per tal d'agafar forces, i això que normalment no bec. Quan s'hi pensa, és una cosa que ve a repèl, matar un arquebisbe, i més si un ha estat pujat entre les bones tradicions de l'Església. Per tant, si us hem semblat una mica busca-raons, ja en podeu comprendre la causa; i per part meva us he de confessar que em sap greu el que ha passat. Compreníem que era el nostre deure, però, de totes maneres, ens venia molt de nou. I, com ja us he dit, *nosaltres* no en traurem ni un ral de tot això. Sabem perfectament el caire que prendrà l'assumpte. El rei Enric —que Déu el beneeixi— haurà de dir, per raons d'Estat, que ell mai no hauria volgut que això succeís; i bona la farem! i el millor que ens pot passar és que haguem d'anar a passar els nostres darrers dies a l'estranger. I encara que la gent raonable arribi a entendre que *calia* treure's del damunt l'arquebisbe —jo personalment sentia una gran admiració vers ell, ja us heu adonat quin espectacle ens ha donat en els darrers moments—, no ens voldran reconèixer cap mèrit. Vet aquí el que hem guanyat, per una sola marrada. Així que, com us deia al començament, si us plau, feu-nos la mercè de creure que el nostre desinterès en aquest assumpte ha estat total. És tot el que havia de dir.

CAVALLER I

Em penso que tots estem d'acord que Guillem de Traci ha parlat molt bé i ha aclarit un punt important. El nus del seu raonament es aquest: que el nostre desinterès ha estat total. Però la nostra acció, per ella mateixa, demana una justificació més sencera; i caldrà que escolteu els altres oradors. Us parlarà ara mateix Hug de Morville, que ha fet estudis especials sobre l'art de governar i el dret constitucional. Sir Hug de Morville.

CAVALLER II

En primer lloc, voldria subratllar un punt ja molt ben tractat pel nostre cap, Reginald Fitz Urse: que sou anglesos i que, per tant, la vostra simpatia sempre va a parar al desgraciat que perd. És l'esperit anglès del joc net. Ara bé, el nostre digne arquebisbe, les bones qualitats del qual jo admirava moltíssim, ha estat presentat en tot com el pobre que ha perdut. Però, ¿és que realment ens trobem en aquest cas? No apel·laré a les vostres emocions sinó a la vostra raó. Sou gent assenyada i de cap clar, com puc veure, i no us deixeu atrapar per la xerrameca sentimental. Per això us demano que considereu serenament: ¿quines eren les intencions de l'arquebisbe? i quines són les del rei Enric? En la resposta a aquestes preguntes es troba la clau del problema.

La intenció del rei Enric ha estat perfectament conseqüent.

Durant el regnat de la difunta Reina Matilde i la irrupció del malaurat usurpador Esteve, el regne estava molt dividit. El nostre rei veié que l'única cosa necessària era restablir l'ordre: moderar les excessives atribucions del govern local, portades generalment amb mires egoistes i fins sedicioses, i reformar el sistema legal. Per tal fi es proposà que Becket, que es va mostrar com un governant plenament capaç —ningú no podria negar-ho— reunís els càrrecs de canceller i arquebisbe. Si Becket hagués estat d'acord amb el voler del rei, hauríem tingut un Estat gairebé ideal: l'administració espiritual i la temporal unides en un govern central. Jo vaig conèixer molt bé Becket, per raó de determinats assumptes oficials; i puc dir que mai no he vist ningú tan qualificat com ell per ocupar el lloc més elevat en l'Administració de l'Estat. I, ¿què va succeir? Doncs, que tan bon punt Becket, per voler del rei, va ésser nomenat arquebisbe, presentà la dimissió com a canceller, es va tornar més sacerdot que cap sacerdot, començà a portar una vida ascètica de manera ofensiva i descarada, afirmà de seguida que hi havia un ordre superior al del nostre rei, i que ell, com a vassall del rei, s'havia esforçat a establir durant molt anys; i que —Déu sap per què— tots dos ordres eren incompatibles.

Estareu d'acord amb mi que posar semblants obstacles per part d'un arquebisbe enutja els instints d'un poble com el nostre. Fins aquí veig que mereixo la vostra aprovació: ho endevino en el vostre rostre. El que no aproveu són els mitjans que ens calgué adoptar per tal de remeiar l'assumpte. Ningú no lamenta més que nosaltres el fet d'haver hagut d'usar la violència. Per desgràcia, hi ha vegades que la violència és l'únic camí per aconseguir la justícia total. En un altre temps hauríeu condemnat un arquebisbe amb una votació del Parlament i l'hauríeu executat conseqüentment com a traïdor, i ningú no hauria hagut de suportar el farcell d'ésser anomenat assassí. I encara en un temps més llunyà, uns mitjans tan moderats haurien esdevingut innecessaris. Però si ara heu arribat a una justa subordinació de les pretensions de l'Església davant la prosperitat de l'Estat, penseu que hem estat nosaltres els qui hem donat el primer pas. Hem estat nosaltres els qui hem fet anar endavant l'estat de coses que vosaltres aproveu. Hem servit els vostres interessos; mereixem el vostre aplaudiment; i si hi hagués alguna engruna de culpabilitat en aquest afer, l'hauríeu de compartir amb nosaltres.

CAVALLER I

Morville ens ha donat bona matèria de reflexió. Em sembla que gairebé ha dit la darrera paraula, per als qui han pogut seguir el seu raonament veritablement subtil. Tanmateix, tenim un altre orador, que crec que expressarà un altre punt de vista. Si resta encara algú per convèncer, crec que Ricard Brito, venint com ve d'una família que sempre s'ha distingit per la seva fidelitat a l'Església, serà qui el convencerà. Ricard Brito.

CAVALLER IV

Els oradors que m'han precedit, i no cal dir-ho el nostre cap, Reginald Fitz Urse, tots han tractat l'assumpte amb gran encert. No tinc res a afegir a les raons que cadascun d'ells ha donat. El que vull dir es pot proposar en aquesta pregunta: *Qui ha matat l'arquebisbe?* Havent estat vosaltres testimonis d'aquesta llastimosa escena, us pot sorprendre que tracti així aquest afer. Però fixem-nos en el curs dels esdeveniments. Això m'obliga, ni que sigui breument, a recórrer un tros del camí que ha seguit el darrer orador. Mentre el difunt arquebisbe fou canceller, ningú, llevat del rei, no va treballar més que ell per tal de relligar el regne, per tal de donar-li la unitat, l'estabilitat, l'ordre, la tranquil·litat i la justícia que tanta falta li feien. Però tan bon punt va ésser nomenat arquebisbe, capgirà totalment la seva política; manifestant-se del tot indiferent respecte al destí del país i comportant-se, de fet, com un monstre d'egoisme. Aquest egoisme va créixer en ell de tal manera que se li arribà a convertir en una veritable mania. Tinc proves evidents que abans de deixar França profetitzà clarament, davant de nombrosos testimonis, que ja no viuria gaire més, i que el matarien a Anglaterra. Utilitzà tots els mitjans per provocar-nos; seguint els seus fets, pas a pas, no es pot deduir altra cosa sinó que estava ben decidit a morir màrtir. Fins i tot a l'últim moment hauria pogut donar-nos explicacions: però ja heu vist de quina manera ha defugit les nostres preguntes. I quan deliberadament ens hagué encès la sang, més del que es pot aguantar, encara hauria pogut fugir fàcilment; s'hauria pogut allunyar de nosaltres fins a aconseguir que minvés la nostra justa ira. Era justament el que no volia que esdevingués; insistí, mentre encara estàvem abrandats per la ràbia, que s'obrissin les portes. ¿Cal que digui res més? Crec que, davant aquests fets, no dubtareu a donar un veredicte de suïcidi, fruit del seu cervell malalt. És l'únic veredicte caritatiu que podeu pronunciar damunt aquell que, malgrat tot, fou un gran home.

CAVALLER I

Moltes gràcies, Brito, em penso que no cal afegir res més;
 i ara, suggeriria que anéssiu marxant silenciosament a les vos-

tres llars. Si us plau, tingueu cura de no entretenir-vos fent grups per les cantonades, i de no fer res que pogués provocar disturbis públics.
(*Els Cavallers se'n van.*)

SACERDOT I

Oh pare, pare, ens heu deixat, us hem perdut,
¿com us podrem trobar, des de quin lloc llunyà
el vostre esguard s'inclina damunt nostre? Estant ara dalt del Cel,
qui ens guiarà, qui ens protegirà, qui ens menarà?
Després de quin camí, ¿per mitjà de quina nova angoixa
podrem fruir de nou de la vostra presència? ¿Quan serem hereus
de la vostra força? L'Església resta abandonada,
sola, profanada, deserta, i els incrèduls bastiran damunt les ruïnes
un món sense Déu. Ho estic veient. Ho estic veient.

SACERDOT III

No. L'Església és més forta amb el que acaba de passar,
triomfa en l'adversitat. S'enforteix
en ésser perseguida: viurà mentre els homes donin la vida per ella.
Aneu, homes magres i pansits, ànimes errívoles i perdudes, sense lloc ni a la terra ni al cel.
Aneu on el sol de ponent enrogeix el darrer penyal gris
d'Anglaterra, i les Columnes d'Hèrcules.
Aneu a córrer el risc del naufragi a les esquerpes costes
on els pirates sarraïns captiven els cristians;
aneu a les mars del nord voltades de gel,
on l'alè sense vida enrampa la mà i emboteix el cervell;
cerqueu un oasi sota el sol del desert,
mireu de fer les paus amb el moro infidel,
participeu en els seus cultes corromputs, i mireu d'aconseguir
un oblit total en la lascívia dels seus jardins,
l'oblit que trobareu al costat de la font a l'ombra d'una palmera;
o bé quedeu-vos a rosegar-vos les ungles a Aquitània.
En el petit cercle de dolor enmig del crani
trobareu un nou camí i començareu una ruta interminable
de pensaments, per justificar aquesta acció als vostres ulls,
teixint una ficció que es desfarà tot teixint-la,
caminant sense fi per l'infern de la mentida

que mai no esdevé veritat: és aquest el vostre destí aquí a la terra
i no hem de pensar mai més en vosaltres.

SACERDOT I

Senyor,
per a nosaltres resta amagada la glòria de la vostra vida nova,
pregueu per nosaltres des de la vostra caritat.

SACERDOT II

Sota l'esguard de Déu,
i unit amb tots els sants i màrtirs que us han precedit,
recordeu-vos de nosaltres.

SACERDOT III

Que la nostra acció de gràcies s'elevi
a Déu, per haver donat un altre sant a Canterbury.

COR

(*Mentre un cor llunyà canta un «Te Deum» en llatí.*)

Us alabem, oh Déu, perquè la vostra glòria es fa palesa en totes les criatures de la terra,
en la neu, en la pluja, en el vent, en el tro; en totes les vostres criatures, tant si persegueixen com si són perseguides.
Perquè totes les coses viuen només mentre Vós les mireu, només mentre Vós les coneixeu, totes les coses viuen.
Només immergides en la vostra llum, i la vostra glòria és proclamada fins i tot en allò que us nega; les tenebres proclamen la glòria de la llum.
Aquells qui us neguen, no us podrien negar, si Vós no existíssiu; i la seva negació mai no és total, perquè si ho fos, no existirien.
Ells, amb la seva vida, afirmen la vostra existència; totes les coses que viuen proclamen la vostra existència; l'ocell a l'aire, tant el falcó com el pinsà; la bèstia a la terra, tant el llop com l'anyell, tant el cuc que va per terra com el cuc que viu en el ventre.
L'home, per tant, que Vós creàreu a fi que us conegués, us ha d'alabar conscientment, de pensament, paraula i obra.
Fins i tot amb l'escombra a la mà, amb l'espatlla vinclada encenent el foc, amb el genoll flectat netejant la fogaina, nosaltres, les pobres dones de Canterbury, que ens passem el dia fregant i escombrant,
 l'esquena vinclada pel treball, el genoll flectat pel pes del

pecat, les mans tapant-nos la cara per por, el cap humiliat per l'aflicció,
fins i tot en nosaltres el cant de les estacions, el xiulet del vent, el xiscle de la primavera, el brunzit de l'estiu, els sons de les bèsties i dels ocells, us alaben.
Us donem les gràcies pel do de la vostra sang, per la redempció de la vostra sang. Perquè la sang dels màrtirs i els sants
fecundarà la terra, i farà néixer llocs sants.
Ja que on sigui que un sant ha viscut, on sigui que un màrtir hagi donat la seva sang per la sang de Crist,
la terra esdevé sagrada, i d'allà no en fugirà la santedat
encara que un exèrcit la trepitgi, encara que els visitants hi xafardegin amb guies a les mans;
des d'on les mars d'occident acaronen les platges de lona,
fins als deserts esmorteïts, i a la pregària en llocs oblidats a prop de l'esquerdada columna imperial,
de llocs així floreixen els brots que renoven la terra eternament
encara que eternament ho neguin. Per tant, oh Déu, us donem gràcies
perquè heu concedit aquesta benedicció a Canterbury.
Perdoneu-nos, Senyor, reconeixem que som d'aquells homes senzills,
d'aquells homes i dones que tanquen la porta i s'asseuen a la vora del foc;
que els fa basarda la benedicció de Déu, la solitud de la nit de Déu, l'obediència que demana, la privació que comporta;
que els fa menys basarda la injustícia dels homes que la justícia de Déu;
que els fa menys basarda la mà entrant per la finestra, el foc a l'estable, la baralla a la taverna, l'empenta cap al riu,
que els fa menys basarda tot això que l'amor de Déu.
Reconeixem les nostres ofenses, les nostres debilitats, les nostres faltes; reconeixem
que el pecat del món el tenim sobre el cap; que la sang dels màrtirs i l'agonia dels sants
les tenim sobre el cap.
Senyor, tingueu pietat!
Crist, tingueu pietat!
Senyor, tingueu pietat!
Benaurat Tomàs, pregueu per nosaltres!

Reunió de família

Traducció de LLUÍS M. ARAGÓ
amb la col·laboració de Rosa Vallverdú

Títol original: *The Family Reunion* (1939).

PERSONATGES

AMY, Lady Monchensey, vídua
IVY, VIOLET i AGATHA, les seves germanes petites
CORONEL L'HONORABLE GERALD PIPER i L'HONORABLE CHARLES PIPER, germans del seu difunt marit
MARY, filla d'una difunta cosina de Lady Monchensey
DENMAN, una noia del servei
HARRY, Lord Monchensey, el fill gran d'Amy
DOWNING, el seu criat i xofer
Dr. WARBURTON
SERGENT WINCHELL
LES EUMÈNIDES

L'escena se situa en una casa de camp al nord d'Anglaterra.
L'obra original fou estrenada el 1939 a Londres.

Primera part

La sala d'estar, una vesprada de finals de març després del te.

Escena I

AMY, IVY, VIOLET, AGATHA, GERALD, CHARLES, MARY.
DENMAN *entra per córrer les cortines.*

AMY

Encara no! Ja t'avisaré. És força clar, de moment.
No tinc res a fer sinó veure com s'allarguen els dies,
ara que m'estic a casa des d'octubre fins a juny,
i l'oreneta ve massa aviat i s'acabarà la primavera
i el cucut se n'haurà anat abans que jo torni a sortir.
Oh Sol, en altres temps tan càlid, oh Llum, enlluernadora.
Quan jo era jove i forta, i no demanàvem ni sol ni llum
no temíem la nit ni esperàvem el dia
i ens podíem fiar dels rellotges, el demà era cert
i el temps no s'aturava en la fosca!
Encén els llums. Però deixa les cortines obertes.
Prepara el foc. No arribarà mai la primavera? Tinc fred.

AGATHA

Wishwood sempre ha estat un lloc fred, Amy.

IVY

Sempre he dit a Amy que a l'hivern se n'hauria d'anar al sud.
Si jo fos al lloc d'Amy, me n'aniria al sud a l'hivern.
Seguiria el sol, no esperaria que el sol vingués aquí.
A l'hivern aniria al sud si m'ho pogués permetre,
no em gelaria, com faig, a Bayswater, amb una estufa que
gasta tant.

VIOLET

Vés al sud!, cap a les biblioteques de préstec angleses,
cap a les vídues de militars i els capellans anglesos,
cap a la freda gandula i el te fresc i fort;
el dolent te de l'Índia, fort, fred i passat.

CHARLES

Aquest no és pas l'estil d'Amy. Nosaltres som gent criada al camp.
Fa massa temps que Amy està avesada als nostres costums
vivint amb cavalls, gossos i escopetes
per voler arribar a deixar Anglaterra a l'hivern.
Però un solter com jo està més acomodat a Londres:
un home pot estar molt còmode al seu club
fins i tot en l'hivern anglès.

GERALD

Be, quant a mi,
preferiria tornar a ser un sots-tinent
per retornar a l'est. Un clima incomparable
per a un home que es pot guiar per una elemental prudència;
i els teus criats et cuiden molt millor.

AMY

Els meus criats són perfectament competents, Gerald.
D'això, encara me'n puc encarregar.

VIOLET

Doncs, el que és jo,
mai no aniria al sud, no, definitivament mai,
encara que ho podria fer i Amy també:
Anglaterra és prou dolenta, mai no aniria al sud,
simplement per veure la gent més vulgar
—els pots evitar si t'estàs a casa;
gent amb diners trets no se sap d'on.

GERALD

Els beneficis de les accions dels avions.

VIOLET

Es banyen de dia i ballen de nit
amb un absolut *mínimum* de roba.

CHARLES

El més perillós de tot són els còctels:
no hi ha res al món més dolent per als joves.

Tot el que una persona civilitzada necessita
és una o dues copes de xerès sec abans de sopar.
Els joves moderns no saben què beuen,
els joves moderns no es preocupen pel que mengen;
han perdut els sentits del gust i de l'olfacte
a causa dels còctels i dels cigarrets.
(*Entra Denman amb xerès i whisky. Charles pren xerès i Gerald, whisky.*)
Això és el que passa.
(*S'encén un cigarret.*)

IVY
La generació més jove
sens dubte és decadent.

CHARLES
La generació més jove
no és el que nosaltres érem. No té la vitalitat,
ni el sentit de la responsabilitat.

GERALD
Sou molt durs amb la generació més jove.
Personalment, jo no els freqüento gaire;
però us he de dir que m'he trobat amb alguns exemplars decents
i alguns tiradors de primera —més bons del que tu eres,
Charles, pel que recordo. A més, heu de ser indulgents:
no els hem deixat un món massa fàcil per viure.
Que la generació més jove parli per si mateixa:
és la generació de Mary. Què en pensa, ella, de tot això?

MARY
Realment, cosí Gerald, si vols informació
de la generació més jove, pregunta-ho a algú altre.
Em temo que no em mereixo el compliment:
jo no pertanyo a cap generació.
(*Surt.*)

VIOLET
Realment, Gerald, he de dir que tens molt poc tacte,
i penso que Charles podia haver estat més considerat.

GERALD
Em sap molt de greu: però per què s'ha trasbalsat?
Només volia fer-la entrar a la conversa.

CHARLES
És una bona noia; però es troba en una edat difícil.
Suposo que deu estar a punt de fer els trenta.
Ja hauria d'estar casada, això és el que passa.

AMY
I així hauria estat si tot hagués anat com jo volia.
El retorn de Harry no li fa les coses fàcils
per ara: però la vida encara es pot adreçar.
Mentrestant, canviem de tema. Com menys en parlem, millor.

GERALD
A propòsit, Amy,
quan deuran arribar els nois?

AMY
No vull que el rellotge s'aturi en la fosca.
Si voleu saber per què no deixo mai Wishwood,
aquesta és la raó. Mantinc Wishwood viu
per mantenir viva la família, per mantenir-los units,
per mantenir-me jo viva, i visc per mantenir-los.
Cap de vosaltres no comprèn com n'és, de vell,
i la mort us arribarà com una subtil sorpresa,
un estremiment momentani dins una cambra buida.
Solament Agatha sembla descobrir algun sentit en la mort
que jo no puc trobar.
—Només estic segura d'Arthur i de John,
Arthur a Londres, John a Leicestershire:
Tots dos haurien de ser aquí a bona hora per sopar.
Harry m'ha telefonat des de Marsella,
pensa volar cap a París, i després cap a Londres,
i espera arribar durant la vesprada.

VIOLET
Harry ha estat sempre el més propens a fer tard.

AMY
Aquesta vegada no serà culpa seva.
Tenim molta sort de poder comptar amb Harry.

IVY
I quan tindràs el pastís d'aniversari, Amy,
i obriràs els regals?

AMY

Després de sopar:
és el millor moment.

IVY

És la primera vegada
que no has tingut el pastís i els regals a l'hora del te.

AMY

Aquesta és una ocasió molt especial,
com hauries de saber. Serà la primera vegada
des de fa vuit anys que estarem tots junts.

AGATHA

Serà una mica penós per a Harry,
després de vuit anys i de tot el que ha passat,
tornar a Wishwood.

GERALD

Penós, per què?

VIOLET

Gerald! ja saps què vol dir Agatha.

AGATHA

Vull dir penós, perquè tot és irrevocable,
perquè el passat és irremeiable,
perquè el futur només pot ser construït
sobre el passat real. Vagant pels tròpics
o davant l'acolorida escena del Mediterrani,
Harry deu haver pensat sovint en Wishwood:
el te a la cambra dels nens, les vacances d'escola,
les atrevides proeses sobre el vell poni,
i deu haver recordat quan s'arrossegava per travessar la porteta.
Trobarà un Wishwood nou. L'adaptació és dura.

AMY

Res no ha canviat, Agatha, a Wishwood.
Tot s'ha mantingut com quan ell ho deixà,
excepte el vell poni, i el setter mestís
que vaig haver de fer matar.
Res no hi ha canviat. Me n'he encarregat jo mateixa.

AGATHA

Sí. Vull dir que a Wishwood hi trobarà un altre Harry.
L'home que retorna haurà de trobar

el noi que hi va deixar. Cap als estables,
a la cotxera, al pati,
a l'arbreda, pel corredor
que duu a la cambra dels nens, a la cantonada
de l'ala nova, s'haurà d'encarar a si mateix
—i no serà un angle gaire agradable.
Quan la roda torna a venir a l'origen —i no hi ve per a tothom— es revela el secret i apareixen els espectres.

GERALD

No sé de què esteu parlant.
Sembla que ens vulgueu deprimir.
Ho he de dir: això no és agradable per a l'aniversari d'Amy
ni per al retorn de Harry. Fem que se senti a casa, caram!
Fem-li sentir que el que ha passat no té cap importància.
N'ha sofert les conseqüències, no en tinc cap dubte.
Deixem que es torni a casar i que sigui l'amo de Wishwood.

AMY

Gràcies, Gerald. Tot i que Agatha, per regla general,
vol dir molt més del que procura revelar,
t'he de dir que estic d'acord amb tu.

CHARLES

No li vaig escriure quan va perdre la dona.
Va ser fa cosa d'un any, eh que sí?
Creieu que n'hi he de parlar ara?
Em sembla que és massa tard.

AMY

Excessivament tard.
Si ell en vol parlar, serà una altra cosa;
però no crec que vulgui. Deu preferir l'oblit.
Jo no miro prim quan parlo en família:
allò no va ser altra cosa que un descans beneït.

VIOLET

Jo en dic providencial.

IVY

Tot i així, deu haver estat horrible
sobretot perdre algú d'*aquesta* manera;
arrabassada de la coberta enmig d'una tempesta,
i no recuperar mai més el cos.

CHARLES

«La coneguda muller d'un Par desapareix d'un transatlàntic.»

GERALD

Sí, es fa estrany pensar en ella com a *desapareguda* per sempre.

VIOLET

Havia begut?

AMY

Mai no li ho preguntaria, això.

IVY

Aquestes coses és molt millor no indagar-les.
Podria haver-ho fet en un cop de geni.

GERALD

Mai no la vaig arribar a conèixer.

AMY

M'alegra molt que no la coneguessis.
M'alegra molt que cap de vosaltres no l'hagués vista mai.
Això farà la situació molt més fàcil
és per aquesta raó que jo desitjava tant de tenir-vos aquí.
Ella mai no hauria estat una de la família,
no desitjava ser una de la família,
només el volia tenir per a ella
per satisfer la seva vanitat. És per això que l'arrossegava
per tot Europa i per més de mig món
en hotels cars i amb companyies indesitjables
que ella escollia. Mai no va voler tenir cap relació
ni amb parents ni amb vells amics de Harry;
mai no va voler adaptar-se a Harry,
només per rebaixar-lo al seu propi nivell.
Una ombra pintada, inquieta i estremidora
en vida, és menys que una ombra en la mort.
Caldria que tots vosaltres sabéssiu la veritat
pel bé del futur. No hi pot haver aflicció,
ni un retret ni un remordiment.
Us hauria estalviat tot això si hagués pogut. Pel bé del futur:
Harry prendrà el comandament de Wishwood
i espero que puguem contribuir a la seva felicitat futura.
No parlem de la seva absència. Comportem-nos només, si us plau,
com si res no hagués passat en els últims vuit anys.

GERALD

Això serà un xic difícil.

VIOLET

Absurd, Gerald!
Cal que vegis tu mateix que això és l'únic que es pot fer.

AGATHA

Així, amb la devoció més acurada;
així, amb una precisa atenció
pel detall, interferint la preparació
del que ja és preparat
els homes estrenyen el nus de confusió
dins un malentès perfecte,
reflectint una llanterna d'observació
sobre l'opacitat de cadascú
negligint totes les advertències
del món de la cantonada
la remor del vent en el grèvol sec
la inclinació de la lluna
l'atracció del túnel fosc
l'urpa sota la porta.

COR

(IVY, VIOLET, GERALD i CHARLES.)

Per què ens sentim incòmodes, impacients, inquiets, disgustats,
reunits com actors aficionats i sense papers assignats?
Com actors aficionats en un somni quan el teló s'aixeca, i es troben habillats
per a una altra mena d'obra, o havent assajat els fragments equivocats,
esperant el cruixit a les butaques, la rialleta a platea, la rialla i els xiulets al galliner?

CHARLES

Ara podria ser a St. James Street, en una confortable cadira ben a prop del foc.

IVY

Jo podria ser amb la meva cosina Lily a Sidmouth, si no hagués hagut de venir a aquesta reunió.

GERALD

Jo podria haver-me quedat amb Compton-Smith, a casa seva, a Dorset.

VIOLET

Jo hauria d'estar ajudant Lady Bumpus, en el Te Americà del Vicari.

COR

Tanmateix, som aquí per ordre d'Amy, per representar un fragment ignorat d'una farsa monstruosa, ridícula, en una pantomima de malson.

AMY

Què ha estat això? Em sembla haver vist algú passant
per davant de la finestra.
Quina hora és?

CHARLES

Gairebé tres quarts de set.

AMY

John ja hauria de ser aquí, és qui té el camí més curt per venir.
Almenys John, si no Arthur. Escolteu, algú arriba:
Sí, deu ser John.
(*Entra Harry.*)
Harry!
(*Harry s'atura de sobte a la porta i mira fixament la finestra.*)

IVY

Benvingut, Harry!

GERALD

Benvingut!

VIOLET

Benvingut a casa, a Wishwood!

CHARLES

Què hi ha de nou?

AMY

Harry, si vols fer córrer les cortines avisaré Denman.

HARRY

Com podeu estar amb aquesta claror que permet que us vegi tothom?
Si sabéssiu què semblàveu quan us he vist des de fora!
Us agrada ser observats a través d'una finestra?

AMY

Harry, oblides que ets a Wishwood,
no en un poble on cal tancar els finestrons.
No hi ha ningú que et miri, sinó els nostres criats, que són d'aquí,
i tots desitgen el teu retorn, Harry.

HARRY

Mireu, mireu: les veieu?

GERALD

No, jo no veig ningú per aquí.

HARRY

No, no, allà no. Mireu allà!
No les veieu? *Vosaltres* no les veieu, però jo les veig,
i elles em veuen a mi. És la primera vegada que les veig.
A l'Estret de Java, al Mar de Sunda,
en la dolça i feble nit tropical, sabia que venien.
A Itàlia, des de darrera els arbustos del rossinyol,
els ulls em fitaven i corrompien aquell cant.
Darrera les palmeres del Gran Hotel
elles sempre hi eren. Però jo no les *veia*.
Per què havien d'esperar fins que jo tornés a Wishwood?
Hi havia un miler de llocs on podia haver-me-les trobat!
Per què aquí? per què aquí?
Moltes felicitats, mare.
Tia Ivy, tia Violet, oncle Gerald, oncle Charles, Agatha.

AMY

Estem molt contents que hagis tornat, Harry.
Ara estarem tots junts per sopar.
Els criats desitjaven la teva tornada:
t'agradaria veure'ls després de sopar
o prefereixes esperar a demà? Segur que deus estar cansat.
Aquí trobaràs a tothom, i les mateixes coses.
El senyor Bevan —ja el recordes— vol trucar demà
per algun assumpte legal, una qüestió d'impostos.
Però penso que deus preferir esperar fins haver descansat.
La teva cambra ja està preparada. Res no ha canviat.

HARRY

Canviat? res canviat? com pots dir que res no ha canviat?
Teniu tots un aspecte tan jove i marcit.

GERALD

Demà hem d'anar a muntar a cavall.
Veuràs que coneixes la contrada tan bé com sempre.
No hi havia ni un pam de terra que no coneguessis.
Però hauràs de donar un cop d'ull a un parell de cavalls nous de caça.

CHARLES

I jo tinc un nou comerciant de vi que et vull recomanar;
al teu celler li cal un xic d'atenció.

IVY

I hauràs de trobar un successor al vell Hawkins.
Fa realment molt de temps que el vell es va jubilar.
Ha deixat que és malmetessin les pedres del jardí,
i l'home s'ha quedat mig cec. N'he parlat amb la teva mare
una i altra vegada: no ha volgut fer res
perquè preferia esperar fins que arribessis tu.

VIOLET

I una i altra vegada he parlat amb la teva mare
dels malbarataments que es fan a la cuina.
La senyora Packell és massa gran per saber el que es fa.
Realment a Wishwood cal un home que s'encarregui de tot.

AMY

Ja veus que els teus oncles i les teves ties són molt útils, Harry.
Sempre els he trobat disposats a donar consells
que mai no he seguit. Ara és cosa teva.
Jo he lluitat només per mantenir Wishwood en marxa
i perquè no hi hagués canvis abans del teu retorn.
Ara l'hauràs de governar tu. Jo ja sóc vella.
Quan sigui morta, ja no podran donar-me consells.

IVY

Oh, estimada Amy!
Ningú no vol que et moris, n'estic segura!
Ara que Harry ha tornat, és hora de pensar en la vida.

HARRY

Temps i temps i temps, i canvi, cap canvi!
Tots vosaltres mireu de parlar com si res no hagués passat,
i amb tot no parleu d'altra cosa. Per què no arribar a la qüestió?
o si voleu fer veure que sóc un altre;

una persona que heu conspirat d'inventar, feu-ho si us plau en la meva absència. Us faria sentir menys incòmodes. Agatha?

AGATHA

Penso, Harry, que arribats a aquest punt,
si no vols fingiments, tampoc no volem que n'hi hagi:
i has de mirar d'una vegada de fer-nos-ho entendre,
i nosaltres mirarem d'entendre't a tu.

HARRY

Però com ho puc explicar, com *us* ho puc explicar?
Ho entendreu menys quan us ho hagi explicat.
L'únic que puc esperar de fer-vos comprendre
són fets: no el que va passar.
I la gent a qui mai no li ha passat res
no pot entendre la poca importància dels fets.

GERALD

Bé, no pots dir que a *mi* no m'hagi passat res.
Vaig començar de jovenet a la frontera nord-oest:
he estat en racons miserables gran part de la meva vida
i m'he vist en alguns embolics indecents.

CHARLES

I a mi, no hi ha gaires coses que em puguin sorprendre, Harry;
ni tampoc escandalitzar-me.

HARRY

Tots vosaltres sou gent
d'aquesta a qui res no ha passat, com a màxim un continu impacte
de fets externs. Heu passat per la vida adormits,
no us heu despertat mai al malson. La vida us seria insuportable
si estiguéssiu completament desperts. No coneixeu
l'olor nociva, difícil de detectar al desguàs,
inaccessible als lampistes, que es manifesta a la nit; no coneixeu
la veu intàcita de la tristesa en la cambra antiga
a les tres de la matinada. No parlo
de la meva pròpia experiència, sinó que tracto de donar-vos
exemples d'un medi més familiar. Jo sóc la casa vella
amb l'olor nociva i la tristesa a la matinada,
en la qual tot passat és present, tota degradació

és irredimible. Quant al que succeeix;
del passat només podeu veure el que és passat,
no el que sempre és present. Això és el que importa.

AGATHA
De tota manera, Harry, més val que ens ho diguis com puguis:
parla en el teu propi llenguatge, sense aturar-te a pensar
si queda massa lluny de la nostra comprensió.

HARRY
La sobtada solitud en un desert populós
dins un fum espès, tot de criatures movent-se
sense direcció, ja que cap direcció
no porta enlloc sinó al voltant d'aquest vapor;
sense propòsit, i sense principi de conducta
amb intervals intermitents de llum i de fosca;
l'anestèsia parcial de sofrir sense sentir
i l'observació parcial del propi automatisme
mentre la lenta màcula penetra més endins a través de la pell
corrompent la carn i descolorint els ossos.
Això és el que passa, però és inexpressable,
intraduïble: parlo en termes generals
perquè els particulars no tenen llenguatge. Un pensa escapar
per la violència, però encara està sol
en un desert superpoblat, empentat per fantasmes.
Va ser només invertint la direcció absurda
per un repòs momentani de la roda ardent
aquella nit serena al mig de l'atlàntic
quan la vaig empènyer daltabaix.

VIOLET
La vas empènyer?

HARRY
Mai no us hauríeu imaginat que algú pogués enfonsar-se tan ràpid.
Sempre m'havia pensat que a qualsevol lloc on jo anés
ella estaria amb mi; que, a qualsevol cosa que fes,
ella era indestructible. No fou pas així.
Tot és veritat en un sentit diferent.
Esperava trobar-me-la en tornar al camerot.
Més tard, tot excitat, crec que vaig fer preguntes;
el sobrecàrrec i l'intendent van ser extremament comprensius
i el doctor molt amable.
Aquella nit vaig dormir profundament, sol.

AMY

Harry!

CHARLES

No t'hauries de permetre aquestes perilloses fantasies.
Només fas mal a la teva mare i a tu mateix.
És clar que sabem el que va succeir realment, ho vam llegir als diaris.
No cal tornar-hi. Recorda, amic meu,
jo t'entenc, la vostra vida junts va fer que semblés més horrible.
Una bona part de la meva vida passada m'oprimeix el pit
quan em desperto, com faig ara, molt aviat al matí.
Comprenc aquests sentiments millor del que tu penses,
però no tens cap motiu per censurar-te.
La teva consciència pot estar tranquil·la.

HARRY

Penetra molt més endins
del que la gent en diu la pròpia consciència; és senzillament el càncer
que corroeix el jo. Ja sabia com us ho prendríeu.
Primer de tot, isoleu el simple fet
com una cosa tan terrible que no pot haver passat,
perquè no ho podríeu resistir. Per això voleu creure
que pateixo al·lucinacions. No és la meva consciència,
no és la meva ment, que està malalta, sinó el món en què he de viure.
—Vaig jeure dos dies en una agradable somnolència;
després em vaig refer. Tinc por del dormir:
una condició en la qual pots ser pres per última vegada.
I també del despertar. La tinc més a prop que mai.
La contaminació ha arribat a la medul·la
i *elles* sempre són a prop. Aquí, més a prop que mai.
Són molt a la vora d'aquí. Això no m'ho esperava.

AMY

Harry, Harry, estàs molt cansat
i sobreexcitat. Venint de tan lluny
i afanyant-te tant, ha estat un canvi massa sobtat.
T'has desacostumat del nostre clima boirós
i de les terres del nord. Quan vegis Wishwood
a la llum del dia, tot tornarà a ser com abans.
 Ara et prego que te'n vagis i reposis abans de sopar.

Fes que Downing et prepari un bany calent,
i et sentiràs molt més bé.

AGATHA

Hi ha uns quants punts que encara no entenc:
s'aclariran més tard. També estic convençuda
que has donat només un tros de l'explicació.
És tan sols a causa del que no es comprèn
que tenim la necessitat d'explicar el que fem.
Hi ha més coses per comprendre: aferra-t'hi
com al camí cap a la llibertat.

HARRY

Em sembla que sé què vols dir,
dèbilment —com explicaves fa temps els sanglots en la xemeneia,
el mal al recambró fosc, que ells deien que no hi era,
per sortir del pas, però tu ho vas aclarir
o almenys vas fer que ja no els tingués por.
Me n'aniré a prendre el bany.
(*Surt.*)

GERALD

Que Déu ens protegeixi!
Mai no hauria pensat que aniria tan malament com això.

VIOLET

Només hi ha una cosa a fer:
a Harry l'ha de veure un metge.

IVY

Però tinc entès
—havia sentit abans de casos semblants— que gent en la seva condició
sovint mostra el més immoderat menyspreu
a un tal suggeriment. Poden esdevenir molt murris:
la seva malaltia els ho fa ser. No volen que els curin
i saben el que penseu.

CHARLES

Probablement ha deixat créixer aquesta idea en la seva ment,
vivint entre estranys, sense ningú amb qui parlar.
M'imagino simplement que el desig de desfer-se'n
li fa creure que ho va fer. No se'n sap avenir, de la seva bona sort.

Crec que tot el que li cal és algú amb qui parlar,
perquè li tregui això del cap. Hi tindré demà una conversa.

AMY

No, de cap manera, Charles, no ets la persona indicada.
Prefereixo pensar que uns quants dies a Wishwood
entre la seva família, és tot el que necessita.

GERALD

Tot i així, Amy, és interessant el suggeriment de Violet.
Per què no truquem a Warburton, i li demanem que vingui?
És un vell amic de la família, és perfectament natural
que el sol·licitem. Va visitar tots els nois
quan eren petits. Hi tindré una conversa.
Ell podria parlar amb Harry, i Harry no en sospitaria res.
Jo confiaria en l'opinió de Warburton.

AMY

Si algú parla amb el doctor Warburton,
he de ser jo. Què en pensa l'Agatha?

AGATHA

Sembla un pas necessari
en una acció innecessària,
no pel bé que això li farà
sinó perquè res no quedi per fer
en el marge de l'impossible.

AMY

Molt bé.
Trucaré al doctor jo mateixa.
(*Surt.*)

CHARLES

Mentrestant, tinc una idea. Per què no preguntem a Downing?
Ha estat deu anys amb Harry, és discretíssim.
Era amb ells al vaixell. Ens podria ser útil.

IVY

Charles! No deus pas pensar
que potser la va empènyer?

CHARLES

En tot cas, jo no culparia Harry.
 Jo mateix podia haver-ho fet ja fa temps,

ningú no sap què és capaç de fer
fins que no hi ha algú de qui es vol desfer.

GERALD

Fins i tot així, no volem que Downing sàpiga
res més del que ja sap ara.
I encara que ho sabés, val més
que no sàpiga que també ho sabem nosaltres.
Per què no deixem les coses com estan?

CHARLES

Malgrat tot, hi ha una o dues preguntes
(*Toca el timbre.*)
que voldria fer a Downing.
No sabrà pas per què les hi faig.
(*Entra Denman.*)
Denman, on és Downing? És a dalt amb sa senyoria?

DENMAN

És fora al garatge, senyor, amb el cotxe de sa senyoria.

CHARLES

Digui-li que m'agradaria parlar amb ell, si li plau.
(*Surt Denman.*)

VIOLET

Charles, si estàs decidit a fer aquesta investigació,
que estic convençuda que no ens durà enlloc,
i, n'estic segura, Amy no l'aprovaria—
només vull expressar la meva enèrgica protesta
contra els teus propòsits i contra els mitjans que utilitzes.

CHARLES

El meu propòsit és trobar què li passa a Harry:
fins que no ho sapiguem, no podem fer res per ell.
I quant als mitjans, no podem tenir gaires manies
a aferrar-nos a tot el que ens vingui a la mà.
Si tens interès per ajudar Harry
difícilment pots objectar els mitjans.

VIOLET

Els objecto.

IVY

I jo estic amb la meva germana,
amb les seves objeccions.

AGATHA

Jo no tinc cap objecció,
com tampoc no objecto a consultar al doctor Warburton:
només veig que això és del tot desaforat;
seria millor deixar que Charles parlés amb Downing
i prosseguís amb els seus propis mètodes.
(*S'aixeca.*)

VIOLET

No hi estic d'acord.
Crec que hi hauria d'haver testimonis. Jo em penso quedar.
I desitjo estar present per sentir tot el que digui Downing.
Ho vull saber al moment, no que m'ho expliquin més tard.

IVY

I jo em quedaré amb Violet.

AGATHA

Jo tornaré
quan Downing us hagi deixat.
(*Surt.*)

CHARLES

Doncs, em sap molt greu
que ho veieu així: però, senzillament hi ha vegades
que l'únic que es pot fer és agafar el bou per les banyes,
i aquesta n'és una.
(*Un truc: i entra Downing.*)

CHARLES

Bona tarda, Downing.
M'alegro de tornar-lo a veure, després de tants anys.
Està bé, espero?

DOWNING

Molt bé, gràcies, senyor.

CHARLES

Sento haver-lo enviat a buscar tan precipitadament,
però m'agradaria fer-li una pregunta,
estic segur que no li importarà, és sobre sa senyoria.
Ha servit a sa senyoria durant més de deu anys...

DOWNING

Onze anys, senyor, el dia de l'Anunciació.

CHARLES

Onze anys, i el coneix força bé.
I estic segur que també ha estat un bon amic seu.
Nosaltres no l'hem vist durant gairebé vuit anys;
i per dir la veritat, ara que l'hem vist,
estem una mica preocupats per la seva salut.
No sembla que... hi sigui del tot.

DOWNING

Molt natural, si se'm permet de dir-ho, senyor,
després del que va passar.

CHARLES

És clar, és clar.
Downing, vostè era amb ells en el viatge des de Nova York;
no vam saber gran cosa sobre les circumstàncies;
només vam saber el que en deien els diaris;
evidentment se'n va parlar moltíssim als diaris.
Downing, pensa que podia haver estat un suïcidi,
i que sa senyoria ho sabés?

DOWNING

Poc probable, senyor, si se'm permet de dir-ho.
Molt més probable que fos un accident.
És a dir, coneixent la senyora,
no crec que en tingués el valor.

CHARLES

Va parlar alguna vegada de suïcidi?

DOWNING

Oh, sí, ho feia de tant en tant.
Però la meva opinió és que els que en parlen
són els menys capaços. Al meu entendre
ella només ho feia per espantar la gent.
Si m'interpreta bé el sentit —només per l'efecte.

CHARLES

Ja ho comprenc, Downing. Estava de bon humor?

DOWNING

Bé, sempre més o menys igual, senyor.
És a dir, sempre amb puges i baixes.
Avall al *dematí*, i amunt a la tarda,
i *llavores* solia estar més aviat excitada,
i, en certa manera, irresponsable, senyor.

Si se'm permet l'atreviment, senyor,
sempre vaig pensar que uns quants còctels
feien un gran efecte a la senyora.
No era d'aquelles que estan *fetes* per beure:
és natural per uns i no ho és per uns altres.

CHARLES

I com estava sa senyoria, durant el viatge?

DOWNING

Doncs, se'n podria dir deprimit, senyor.
Però ja saben que sa senyoria sempre ha sigut molt reservat:
molt estrany que jo l'arribés a veure animat.
Si pot servir la meva opinió, sempre he dit que sa senyoria
patia del que en diuen una mena de repressió.
Però vaig fixar-me que... més nerviós del normal;
vull dir que es podia veure que estava nerviós.
Es comportava com si pensés que podia passar alguna cosa.

CHARLES

Quina mena de cosa?

DOWNING

Doncs, no ho sé, senyor.
Però semblava passar molta ànsia per la meva senyora.
Mirava que no sortís quan el temps era tempestuós,
no li agradava veure-la inclinada sobre la barana.
Havia tingut un petit espant una o dues vegades.
Però, sap, tinc l'opinió, senyor,
que sa senyoria és una mica vident, que en diuen.

CHARLES

Estaven sempre junts?

DOWNING

Sempre, senyor.
Aquesta era precisament la meva queixa de la meva senyora.
Sóc de l'opinió que marit i muller
no s'haurien de veure massa l'un amb l'altre, senyor.
Ben al contrari de l'opinió general,
gosaria dir. No el deixava mai sol.
I aquesta és la queixa que tinc contra aquests transatlàntics,
amb totes les piscines i gimnasos que hi ha,
no es pot trobar un sol lloc on un home *hi* pugui anar
a fumar tranquil, on les dones no el puguin seguir.
No el perdia de vista.

CHARLES

Durant aquell vespre, el va veure?

DOWNING

I tant, senyor, estic segur que el vaig veure.
No vull pas dir que m'hagués manat res:
sa senyoria sempre és molt considerat
respecte a entretenir-me fins tard. Quan dic que el vaig veure,
vull dir que el vaig veure per casualitat.
Veurà, senyor, jo era a baix a «turistes»,
a prendre una mica l'aire abans d'anar-me'n al llit,
i podia veure l'angle de la coberta superior.
I recordo que allà vaig veure-hi sa senyoria
inclinat sobre la barana, mirant cap a l'aigua;
no hi havia lluna, però estava segur que era ell.
Mentre jo anava voltant, gairebé mitja hora,
va estar-se allà tot sol, mirant per sobre la barana.
La senyora devia estar bé, *llavores*,
no és cert, senyor? o si no ell ho hauria sabut.

CHARLES

Sí... ben cert que sí. Gràcies, Downing,
em sembla que no el necessitem més.

GERALD

Ah, Downing,
li passa alguna cosa al cotxe de sa senyoria?

DOWNING

No, senyor, està en perfectes condicions:
ja me n'encarrego.

GERALD

Em preguntava només
com és que hi ha estat ocupat aquesta nit.

DOWNING

Res espatllat, senyor:
només que a mi m'agrada tenir-lo sempre a punt.
Vol res més, senyor?

GERALD

Gràcies, Downing;
res més.

(*Surt Downing*.)

VIOLET

Bé, Charles, t'he de dir que amb les teves investigacions,
sembla que has deixat les coses tal com estaven,
excepte que ara hi has ficat Downing:
la qual cosa desaprovo.

CHARLES

La qual cosa desaproves.
Doncs jo crec que un còmplice inconscient és útil.

COR

Per què hem d'estar aquí com a conspiradors culpables, que esperen alguna revelació
quan s'exposarà l'amagat, i el noi dels diaris ho cridarà pel carrer?
Quan farem pública la privacitat, el fotògraf habitual
ho fotografiarà per als diaris il·lustrats: per què ens amunteguem
en una horrorosa amistat d'infortunis? Per què hi hauríem d'estar implicats, barrejats i involucrats tots alhora?

IVY

Jo no em fio de Charles amb la seva vulgar seguretat, adquirida dels seus companys mundans.

GERALD

Ivy només es preocupa d'ella, i de la seva reputació entre els seus coneguts tan postissos.

VIOLET

Segur que Gerald farà algun disbarat, fora de l'exèrcit no serveix per a res.

CHARLES

Violet tem que la seva posició com a germana d'Amy davalli.

COR

Tots nosaltres tenim la pretensió
de ser la rara excepció
a l'esclavatge universal.
Ens agrada sortir als diaris
si és a la primera columna.
Sabem de l'accident de tren
sabem d'una sobtada trombosi
i del lent enduriment d'una artèria.

Ens agrada ser apreciats pels altres
per poder pensar bé de nosaltres mateixos.
I ens satisfarà qualsevol explicació:
només demanem que se'ns tranquil·litzi
dels sorolls del celler
i de la finestra que no s'hauria d'haver obert.
¿Per què ens comportem com si la porta es pogués obrir de sobte, les cortines descórrer-se,
com si poguéssim trobar una revelació al celler, el sostre pogués desaparèixer,
i acabéssim per no estar segurs de què és real o irreal?
Sigueu ferms, sigueu ferms, cal que sostinguem que el món és el que sempre hem pensat que era.

VEU D'AMY

Ivy! Violet! ja han arribat John o Arthur?

VIOLET

No sabem res ni d'Arthur ni de John.
(*Entren Amy i Agatha.*)

AMY

Això és molt empipador. Tots dos van prometre ser aquí
a bona hora per sopar. És molt empipador.
Ara amb prou feines arribaran a temps per vestir-se.
No entenc què els pot haver anat malament;
vénen de diferents direccions.
Bé, ens haurem d'anar a vestir, suposo. Espero que Harry es trobarà millor
després d'haver descansat a dalt.
(*Surten, excepte Agatha.*)

Escena II

AGATHA

(*Entra Mary amb flors.*)

MARY

La primavera és molt tardana en aquest país del nord,
tardana i incerta, no se separa de la paret del sud.
El jardiner no té flors per donar-me per a aquesta nit.

AGATHA

Sempre m'oblido de com n'és, de tardana, aquí, la primavera.

MARY

Hauria preferit esperar les nostres poncelles efímeres,
tal com són, a tenir aquestes flors d'hivernacle
que no pertanyen a aquí, que no coneixen
ni el vent ni la pluja com els conec jo.

AGATHA

Em pregunto quants serem a sopar.

MARY

Set... nou... segurament deu.
He sentit que Harry ja ha arribat
i era l'únic que no era segur.
Arthur o John poden fer tard, és clar.
Potser haurem de retardar el sopar...

AGATHA

I també el doctor Warburton. Si més no, Amy l'ha convidat.

MARY

El doctor Warburton? Trobo que podria haver-m'ho dit;
és molt difícil haver de fer plans
per a un nombre indeterminat. Per què l'ha invitat?

AGATHA

Fa un moment que se li ha acudit de fer-ho.

MARY

Doncs, pot ser positiu tenir algú de fora;
perquè què hi ha de més formal que un sopar de família?
Una ocasió oficial de gent incòmoda
que es troben ben poques vegades, fent conversa.
M'alegra molt que vingui el doctor Warburton.
M'hauré d'asseure entre Arthur i John.
¿Què és pitjor, pensar en què dir a John,
o haver d'escoltar la xerrameca d'Arthur
quan pensa que es comporta com un home de món?
Cosina Agatha, necessito el teu consell.

AGATHA

I jo que pensava
que n'havies tingut més dels que volies, al col·legi.

MARY

Podia haver-m'ho imaginat, que m'ho tiraries en cara.
Ja sé que no era una de les teves alumnes preferides:
només et veia com una directora dura
que sabia com dominar les noies tímides.
No et veig gaire diferent ara;
però tant de bo t'hagués fet cas
i hagués sol·licitat una beca, fa set anys.
Ara vull el teu consell, perquè no ho puc demanar a ningú més,
i perquè ets forta, i perquè no pertanys a aquí
més que jo. Me'n vull anar.

AGATHA

Al cap de set anys?

MARY

No ho entens!
Però sí que ho entens. Tu només vols saber
si ho entenc jo. Saps perfectament bé,
que, el que vol la cosina Amy, normalment ho aconsegueix.
Per què véns tan poc per aquí? *Tu* no li tens por,

però segur que deus voler evitar enfrontaments.
Suposo que me n'hauria pogut anar, d'haver-ne tingut el coratge moral,
fins i tot en contra de la seva voluntat. Sé molt bé
per què em volia retenir. No em necessitava:
se n'hauria sortit igual de bé amb una criada
o amb qualsevol altre. Només em volia per a Harry,
i no és un compliment: només volia
tenir una nora dòcil amb molt pocs diners,
una mestressa de casa per a ella i per a Harry.
Fins quan ell es va casar, encara em retenia
perquè no podia suportar que li fallés cap projecte;
i fins i tot quan *ella* morí: vaig creure que la cosina Amy
—gairebé m'ho vaig creure— l'havia matada.
No et sembla horrible? ja ho sé que sí.
La vas arribar a conèixer? Com era?

AGATHA

Sóc l'única que la va arribar a conèixer,
l'única a qui Harry va convidar a la boda:
Amy no ho sabia. Vaig sentir-ho molt per ella;
em vaig adonar que desconfiava de mi —tenia por de la família,
volia lluitar contra ells— amb les armes del feble,
que són massa violentes. I això no devia ser fàcil,
vivint amb Harry. Penso que el que és important,
no és el que ella va fer-li, a Harry, sinó el que ell es va fer a si mateix.

MARY

Però fins que no he sabut que Harry havia tornat
no he sentit la fortalesa per marxar. Sé que me n'he d'anar.
Però on? Vull una feina: i tu em pots ajudar.

AGATHA

Ho sento de veres, Mary, ho sento de veres per tu;
encara que no em creguis capaç de tenir un sentiment així.
M'agradaria ajudar-te: però no has de fugir.
D'haver-ho fet abans, hauries demostrat coratge
i hauria estat bé. Ara, el coratge és només el moment
i el moment és només la por i l'orgull. Veig més que això,
més del que et puc dir, més que paraules hi ha per dir-ho.
En aquest moment, no es pot prendre cap decisió;
la decisió, la prendran poders fora del nostre abast
que sorgeixen ara i adés. Tu i jo, Mary,

som només observadores i expectants: no és el paper més fàcil.
M'he d'anar a canviar per al sopar.
(*Surt.*)

MARY

Així que no m'ajudaràs!
Esperar, esperar, sempre esperar.
Em sembla que aquesta casa *es proposa* mantenir-nos esperant.
(*Entra Harry.*)

HARRY

Esperant? Esperant què?

MARY

Què tal, Harry?
Has baixat molt aviat. Em pensava que acabaves d'arribar.
Has tingut un bon viatge?

HARRY

No gaire.
Però, almenys, no ha estat massa llarg. Com estàs, Mary?

MARY

Molt bé. Que busques alguna cosa?

HARRY

No, és que m'acabo d'adonar que aquesta habitació ha canviat ben poc:
les mateixes cortines.. els mateixos quadres... fins i tot la taula,
les cadires, el sofà... tot és al mateix lloc.
Intentava veure si havia canviat alguna cosa,
però si és així, no la trobo.

MARY

La teva mare va insistir
que tot es mantingués igual com quan tu ho vas deixar.

HARRY

M'estimaria més que no ho hagués fet. És molt artificial,
aquesta aturada del canvi normal de les coses:
però és molt propi d'ella. Podia haver-m'ho esperat.
Tan sols fa el canvi de les persones
molt més manifest.

MARY

Sí, res no canvia aquí,
i senzillament anem tirant... exhaurint-nos, suposo,
sense notar el canvi. Però a tu, n'estic segura,
et devem semblar molt canviats.

HARRY

Tu amb prou feines si has canviat gens;
i mira que no t'havia vist d'ençà que vas venir d'Oxford.

MARY

Bé, m'he d'anar a canviar per sopar.
I tant si canviem —fins en això.

HARRY

No, no te'n vagis encara.

MARY

Estàs content de ser a casa?

HARRY

Hi ha una cosa
que et volia preguntar. Encara no ho sé.
Tots aquests anys desitjava tornar
creient que mai no ho podria fer. Pensava que aquest era un lloc
de vida substancial i simple;
però la simplificació va ocupar el meu record,
suposo. Sembla que no m'hauré de desfer de res,
de cap de les ombres que volia defugir;
i a la vegada, altres records,
anteriors, ja oblidats, comencen a retornar-me
de la infantesa. No ho puc explicar.
Però creia que em podria evadir d'una vida a l'altra,
i pot ser tot una vida, sense escapatòria. Digue'm,
vas ser mai feliç aquí, de petita, a Wishwood?

MARY

Feliç? en realitat no, encara que no he sabut mai per què:
sempre em semblava que devia ser culpa meva,
i no ser mai feliç era ser sempre entremaliada.
Però hi havia dues raons: jo era només una cosina
mantinguda aquí perquè no hi havia res més a fer amb mi.
Jo no hi pertanyia. El teu cas era diferent.

I tu semblaves molt més gran. Et teníem més aviat por i respecte
—almenys, jo te'n tenia.

HARRY

Per què no érem feliços?

MARY

Bé, era com si tot ens fos imposat;
fins i tot les coses agradables eren preparades,
i les festes eren sempre tan minuciosament organitzades;
mai no teníem ocasió d'inventar els nostres propis divertiments.
Però potser tot plegat era projectat per a tu, no per a nosaltres.

HARRY

No, no em sembla pas que fos això. Jo era part del projecte
així com tu. Però quin era el projecte?
No el van arribar a realitzar. Però recordes

MARY

l'arbre buit en el lloc que en dèiem l'ermot

HARRY

cap avall, prop del riu. Era l'estacada
des d'on lluitàvem contra els indis, Arthur i John.

MARY

Era la cova on ens reuníem a la llum de la lluna
per evocar els esperits del mal.

HARRY

Arthur i John.
Evidentment ens castigaven per haver sortit de nit
després d'haver-nos ficat al llit. Però almenys no van saber
on havíem estat.

MARY

No van descobrir mai el secret.

HARRY

Llavors, no. Però més tard, tornant d'escola
per les vacances, després de la rebuda convencional
i de les festes familiars, em vaig escapar

tan aviat com vaig poder, em vaig esmunyir cap al riu
per trobar el vell amagatall. L'ermot ja no hi era,
l'arbre, l'havien tallat, i hi havien construït
una bonica casa d'estiu, 'per complaure els nens'.
És absurd que l'únic record de llibertat
hagi de ser un arbre buit dins un bosc vora el riu.

MARY

Quan jo era una nena ho donava tot per suposat,
fins i tot l'estupidesa de la gent gran;
vivien en un altre món que no m'atenyia.
És ara, justament, que els trobo difícils de suportar.
Sempre estan segurs que has de ser feliç
en el mateix moment en què ets totalment conscient
de no haver-te adaptat, de ser supèrflua.
Però per què et parlo de les meves preocupacions de sempre?
Et deuen semblar molt trivials, certament.
Es tracta, només, d'un desesper ordinari.

HARRY

Una cosa no pots saber:
la sobtada extinció de cada alternativa,
l'inesperat estrèpit de la cascada d'acer.
No saps què és l'esperança fins que no l'has perduda.
Només saps què és no esperar:
no saps què és veure's privat de l'esperança,
o haver-la desaprofitada, haver-se unit a la legió dels desesperats
no reconeguts pels altres homes, però que entre ells a voltes es detecten.

MARY

Ja sé què vols dir. Mai no l'he tinguda,
aquesta experiència. De tota manera, per més real,
per més cruel que sigui, pot ser un engany.

HARRY

El que jo veig,
pot ser un somni o un altre; si no hi ha res més,
el més real és allò que temo. L'esplendor s'esvaneix
juntament amb l'emoció irrecuperable,
que la claror sobre el món, sense arribar mai a trobar el seu objecte;
i l'ull s'ajusta a un crepuscle
on la pedra morta pot semblar un batraci,
i la branca pelada pot semblar una serp.

MARY

Tu duus el teu propi paisatge
no pas més real que cap altre. I en certa manera et contradius:
parles de la sobtada comprensió de la mort
de l'esperança, ja sé que no n'has viscut l'experiència,
i puc imaginar prou bé com en deu ser de terrible.
Però en aquest món emergeix una altra esperança
en un lloc imprevist, encara que no en tinguem cap
consciència.
Tu esperaves alguna cosa en tornar a Wishwood,
o no hauries vingut.

HARRY

Sigui el que sigui el que jo esperés,
ara que sóc aquí, sé que no ho trobaré.
L'instint de retornar al punt de partença
i començar de nou com si res no hagués passat,
no és tot això una follia? És com l'arbre buit,
no hi és.

MARY

Però, segurament, el que dius
només prova que esperaves que Wishwood
fos el teu jo veritable, que fes alguna cosa per tu
que només pots fer tu mateix.
És dins teu on cal canviar alguna cosa
i pots fer-ho allà on sigui: aquí, i en qualsevol altre lloc.

HARRY

Creus que puc canviar alguna cosa del meu interior!
I aquí, és clar! On les he sentit a prop meu,
aquí i aquí i aquí: arreu on no miri,
sempre presents als angles dels meus ulls,
xiuxiuejant lluny de l'abast de l'orella;
i també dins, en el terror nocturn
d'una dissolució de somni. Tu no ho saps,
no ho pots saber, no ho pots entendre.

MARY

Penso que ho podria entendre, però hauries de ser pacient
tant amb mi, com amb aquells que no hagin viscut la teva
experiència.

HARRY

Si jo mirés d'explicar-t'ho, mai no ho podries entendre:

l'explicació faria només un malentès pitjor;
l'explicació em deixaria molt més lluny de tu.
Sols hi ha una manera de poder-t'ho fer entendre
i aquesta és veient-ho. Són massa llestes
per admetre't dins el *nostre* món. No és pas millor, el vostre.
Se n'han encarregat ben bé prou: és part del turment.

MARY

Si tu creus que sóc incapaç d'entendre't...
en tot cas, he d'anar-me a arreglar per sopar.

HARRY

No, no, no te'n vagis! Si et plau, no em deixis
precisament ara. Sento que és important.
Alguna cosa n'hauríem de treure, d'aquesta conversa.

MARY

No sóc una persona intel·ligent,
i en el bon sentit no et conec gaire bé,
encara que et recordo millor del que tu et penses,
i com ets de debò. No tinc gaire experiència,
però ara veig alguna cosa que no prové de mestres
ni de llibres, de pensaments o d'observació:
alguna cosa que no ignorava que sabia.
Fins si Wishwood és, com tu dius, una estafa,
la teva família, un engany —llavors tot és un engany,
qualsevol cosa que sentis—, no em refereixo al que pensis,
sinó al que sentis. T'has lligat tu mateix a l'odi
com d'altres ho fan a l'amor: una follia
que és immoral, un bé que és mal dirigit. T'enganyes a tu mateix.
Com l'home convençut que està paralitzat
o com l'home que es creu cec
mentre encara veu la llum del sol. Sé que això és cert.

HARRY

M'he passat molts anys en un viatge inútil;
tu t'has quedat a Anglaterra, encara que fas l'efecte
d'algú que hagi vingut de molt lluny,
o de la llunyana cascada en el bosc,
inaccessible, que gairebé no se sent.
I et sento la veu com en el silenci
entre dues tempestes, se senten els habituals sorolls de cada dia
a la gespa i a les fulles, de vida persistent,

que normalment passa inadvertida.
Potser tens raó, tot i que no sé
per què ho hauries de saber. És la freda primavera
no és la primavera una mala època que ens excita amb veus
    mentideres?

MARY
La freda primavera ara és el moment
per al mal de l'arrel tremolosa
l'agonia en la fosca
el lent fluir que batega al tronc
el dolor de la poncella que es desclou.
Aquests són els que menys sofreixen:
l'acònit sota la neu
i la flor de neu plorant un instant al bosc.

HARRY
La primavera és un raig de sang
una estació de sacrifici
i el lament de la nova marea alta
que retorna els fantasmes dels morts
aquells a qui l'hivern va ofegar.
No tornaran al món a la primavera
els fantasmes dels ofegats?
Volen els morts retornar?

MARY
El dolor és l'oposat a la joia
però la joia és una mena de dolor
jo crec que al moment de néixer
és quan tenim coneixement de la mort.
Crec que l'època del naixement
és l'època del naixement
és l'època del sacrifici
per a l'arbre i la bèstia, i per al peix
que s'enfila riu amunt:
i què hi ha de l'esperit aterrit
obligat a renéixer
per alçar envers el sol intens
les ales humides pel núvol de pluja
amb peu lleuger sobre la lluna?

HARRY
Què estàvem dient? Em sembla que deia
que era com si sempre hagués estat aquí

i tu fossis algú que ha vingut de molt lluny.
Saber o no què dic, o per què ho dic,
no importa. Tu em duus noves
d'una porta que s'obre al final del passadís,
llum de sol i cants; quan vaig estar segur
que cada passadís duia només cap a un altre,
o cap a una paret buida; que jo em movia
sols per no estar quiet. Cants i llum.
Prou!
Què és això? Ho notes?

MARY

Què, Harry?

HARRY

Aquesta aprehensió més profunda que qualsevol sentit,
més profunda que el sentit de l'olfacte, però com una olor
que és indescriptible, una olor dolça i amarga
d'un altre món. La conec, la conec!
Molt més fort que mai, un baf que dissol
tots els altres mons, i jo sóc a dins. Oh, Mary!
No em miris d'aquesta manera! Prou! Intenta aturar-ho!
Me'n vaig. Per què ara? Sortiu!
Sortiu! On sou? Deixeu-me que us vegi,
sé que sou aquí i que m'esteu espiant.
¿Per què jugueu amb mi, per què em deixeu anar,
només per rodejar-me? Quan jo les recordo
em deixen en pau: quan les oblido
per un instant de distracció
es tornen a despertar, les caçadores insomnes
que no em deixaran dormir. Just abans d'agafar el son
els veig sempre les urpes disteses
mansament, com si mai no s'haguessin mogut.
Tan sols va ser un moment, tan sols va ser un moment
que vaig estar a la llum del sol, vaig pensar de quedar-m'hi.

MARY

Mira'm. Pots confiar en mi.
Harry! Harry! Tot va *bé*, t'ho dic jo.
Si confies en mi, tot anirà bé.

HARRY

Sortiu!
(*S'enretiren les cortines, deixant veure les Eumènides a l'ampit de la finestra.*)

Per què us deixeu veure ara per primera vegada?
Quan la vaig conèixer, jo no era la mateixa persona.
Jo no era ningú. Res del que jo fes
no té a veure amb mi. L'accident d'un moment somniat,
d'una època somniada, quan jo era algú altre
que pensava en altres coses, em col·loca entre vosaltres.
Us dic que no és a mi a qui mireu,
no és a mi a qui feu ganyotes, les vostres mirades secretes
no m'incriminen a mi, sinó a l'altra persona, si penseu
que jo era persona: que la vostra necrofília
s'alimenti d'aquesta carcassa. No se n'aniran mai.

MARY

Harry! Aquí no hi ha ningú.
(*Se'n va cap a la finestra i fa córrer la cortina.*)

HARRY

Et dic que hi eren. Són aquí.
¿Ets tan poc perceptiva i tens tan atrofiats els sentits
que no les pots veure? Si m'arribo a adonar
que eres tan obtusa, no hauria escoltat
les teves bestieses. No pots ajudar-me?
No em serveixes de res. M'hi he d'encarar.
Hi haig de lluitar. Però són estúpides.
Com es pot lluitar amb l'estupidesa?
De tota manera, hi hauré de parlar.
(*S'abalança impetuosament i descorre les cortines: però l'ampit és buit.*)

MARY

Oh, Harry!

Escena III

HARRY, MARY, IVY, VIOLET, GERALD, CHARLES.

VIOLET

Bona nit, Mary: encara no t'has vestit?
Com has trobat Harry?
Qui deu haver obert aquestes cortines?
(*Les tanca.*)
Molt bé, em sembla, després d'un viatge tan llarg;
Ja saps com ha corregut per ser aquí a temps
per l'aniversari de la seva mare.

IVY

Mary, estimada,
has arreglat tu aquestes flors? deixa-me-les canviar.
Eh que no et fa res? En sé tant, de flors;
Les flors sempre han estat la meva passió.
Ja saps que fa temps vaig tenir, a Cornwall, el meu propi jardí,
quan em podia permetre el luxe de tenir jardí; i vaig guanyar uns quants premis
amb les meves caputxines. Era gairebé una autoritat.

GERALD

Bona nit, Mary. Ja veig que has vist Harry.
Quina sort de tornar-lo a tenir aquí, eh que sí?
L'hem de fer sentir com a casa. És de molt bon auguri
que pugui ser aquí per l'aniversari de la seva mare.

MARY

M'he d'anar a canviar. He arribat molt tard.
(*Surt.*)

CHARLES
Ara només ens falten Arthur i John.
M'alegra que torneu a estar junts, Harry;
els cal la influència del seu germà gran.
Arthur és una mica irresponsable, ja ho saps;
li hauries de produir un efecte de serenor.
Després de tot, tu ets el cap de família.

VEU D'AMY
Violet! Ja han arribat Arthur o John?

VIOLET
Encara no són aquí cap dels dos, Amy.
(*Entren Amy i el doctor Warburton.*)

AMY
Això és molt enutjós. Què pot haver passat?
Suposo que els deu retenir la boira
per tant és inútil telefonar enlloc. Harry!
No has vist el doctor Warburton?
Ja saps que és l'amic més antic de la casa,
i et coneix des que eres petit, Harry.
En saber que series aquí per sopar
ha deixat una cita important per venir.

WARBURTON
Gosaria dir que els dos hem canviat força, Harry.
Un practicant de poble no es fa pas més jove.
Veure't de nou em porta més enllà
del que pots recordar. Però no pots haver oblidat
el dia en què vas tornar d'escola amb xarampió
i ens va costar tant de fer-te estar al llit.
No t'agradava gens estar malalt per vacances.

IVY
Era desagradable, tornar a casa per estar-hi malalt.

VIOLET
Sempre igual, amb les teves petites indisposicions
i les malalties infantils: mai no t'estaves al llit
de tan convençut que no et tornaries a posar bo.

HARRY
Penso que no era sense justificació:

perquè el que en dieu restablir la salut
no és més que la incubació d'una altra malaltia.

WARBURTON

No ho hauries de veure amb aquest pessimisme
tan poc complimentós amb la meva professió.
Però recordo que, quan jo era estudiant de Cambridge,
solia somniar que feia grans descobertes
per erradicar algunes malalties.
Ara que tinc quaranta anys d'experiència
he deixat de pensar en termes de laboratori.
Tots estem malalts d'una manera o altra:
parlem de salut quan no trobem cap símptoma
de malaltia. Salut és un terme relatiu.

IVY

Deu haver adquirit una experiència molt rica, doctor,
en quaranta anys.

WARBURTON

Sí, en efecte.
Fins i tot com a metge de poble. El meu primer pacient
—no ho creurien, senyores—, va ser un assassí,
que patia d'un càncer incurable.
Com va lluitar contra el mal! Mai no havia vist un home
amb tantes ganes de viure.

HARRY

No té res d'extraordinari.
És més difícil creure en l'assassinat
que creure en el càncer. El càncer és aquí:
el tumor, el dolor constant, la malaltia ocasional:
l'assassinat, una inversió del son i el despertar.
L'assassinat era allà. El seu vulgar assassí
es veia a si mateix com a víctima innocent.
Segons ell, encara és el que solia ser
o el que voldria ser. No pot adonar-se
que totes les coses són irrevocables,
el passat irredimible. Però el càncer, en canvi,
és una cosa real.

WARBURTON

Bé, no parlem més d'aquestes coses.
Com hem anat a parar al tema del càncer?
No ho sé pas. —Però ara que tots heu crescut

ja no tinc cap pacient a Wishwood.
Wishwood sempre ha estat un lloc fred, però saludable.
Només puc veure la teva mare
quan se m'invita a sopar.

VIOLET

Sí, mira la teva mare!
Si no fos perquè ara a l'hivern no pot sortir a passeig
no li faries ni un dia més
que en el seu aniversari de fa deu anys.

GERALD

Serveix d'alguna cosa esperar Arthur i John?

AMY

Més val que anem a sopar.
Potser arribaran abans d'acabar. Em vol acompanyar dins, doctor?
Devem ser, i de bon tros, els més grans dels presents;
de fet, som els habitants més vells.
Com que vam ser dels primers a arribar, entrarem els primers a sopar.

WARBURTON

Amb molt de gust, Lady Monchensey,
i espero que l'any que ve em farà el mateix honor.
(*Surten Amy, el doctor Warburton, Harry.*)

COR

Tinc por de tot el que ha passat, i de tot el que ha de venir;
de les coses que vénen i seuen a la porta, com si sempre hi haguessin estat.
I el passat està a punt de transcórrer, i el futur fou resolt des de fa molt de temps.
I les ales del futur enfosqueixen el passat, el bec i les urpes han profanat la Història. Avergonyit
el primer crit al dormitori, el soroll a la cambra dels nens, mutilat
l'àlbum de família, ridiculitzat
el sopar dels estadants, el berenar familiar a la devesa. Han enderrocat
la teulada de la casa, o potser mai no n'hi havia hagut.
I l'ocell s'està a la xemeneia esquerdada. Tinc por.

Ivy

Aquest és un terror molt indigne, i hi he de lluitar en contra.

Gerald

Estic acostumat a un perill tangible, però només al que puc comprendre.

Violet

L'estupidesa de Gerald, de Charles i d'aquest doctor és el que em fa crispar els nervis.

Charles

Si deixéssiu l'assumpte a les meves mans, em sembla que podria controlar la situació.

(*Surten.*)

(*Entra Mary, i passa per anar a sopar. Entra Agatha.*)

Agatha

L'ull és a la casa
l'ull la cobreix
n'hi ha tres de junts
que els tres siguin separats
que el nus que fou nuat
es desnuï
que els ossos creuats
en el pou ple fins dalt
al final s'adrecin
que la mostela i la llúdria
es dediquin a la seva feina habitual.
Que l'ull del dia
i l'ull de la nit
siguin desviats d'aquesta casa
fins que es desnuï el nus
i els creuats es descreuin
i els torts es redrecin.

(*Surten per al sopar.*)

Final de la primera part

Segona part

La Biblioteca, després de sopar.

Escena I

HARRY, WARBURTON.

WARBURTON

M'alegro d'estar una estoneta sol amb tu, Harry.
De fet, tenia una altra raó per ser aquí aquesta nit
a més de venir-hi en honor de l'aniversari de la teva mare.
Volia tenir amb tu una conversa privada
d'un assumpte confidencial.

HARRY

M'ho puc imaginar;
tanmateix penso que probablement serà inútil,
o com a molt, farà les coses bastant més difícils.
Però parli-me'n, si així ho vol.

WARBURTON

No m'entens.
Estic segur que no pots saber què tinc al cap;
i quant a fer les coses bastant més difícils;
és molt més difícil no estar preparat
per a alguna cosa que és molt probable que passi.

HARRY

Per Déu, home, les coses que han de passar
ja han passat.

WARBURTON

Això és veritat en certa manera,
però sense que ho sàpigues, i el que tu saps
o no saps, en qualsevol moment

pot marcar una diferència infinita en el futur.
Es tracta de la teva mare...

HARRY

Què li passa a la mare?
Tot ha fet sempre referència a la mare.
Quan érem petits, abans d'anar a escola,
la regla de comportament era complaure la mare;
el mal comportament era ser poc amable amb la mare;
estava mal feta qualsevol cosa que la fes patir,
i tot allò que la feia feliç era virtuós;
així i tot mai gaire feliç, pel que recordo. Per això
tots ens sentíem fracassats, abans d'haver començat.
Quan tornàvem, per les vacances d'escola,
no hi havia vacances, sinó només un temps
que havíem de recuperar per a la mare
per totes les setmanes que no ens havia vist
a part de les vacances de Pasqua; i quan ens veia
semblava que això la posés més trista, i encara ens feia
sentir més culpables, i per això ens portàvem malament
l'endemà a l'escola, perquè ens castiguessin,
ja que el càstig ens feia sentir menys culpables. La mare
mai no ens castigava, però ens feia sentir culpables.
Penso que les coses que es donen per suposades
a casa, fan una impressió més profunda en els nens
del que la gent diu.

WARBURTON

Ja n'hi ha prou, Harry, t'equivoques.
No saps què et vull dir, em sembla.
Potser tens raó, però el que ens interessa,
ara, és la felicitat de la teva mare en el futur,
pel temps que pugui viure: no el passat.

HARRY

Ah, és que hi ha alguna diferència!
Com podem estar interessats pel passat
i no pel futur?, o pel futur
sense estar-ho pel passat? El que li dic
és molt important. Molt important.
Deixi que m'expliqui, i després podrà parlar.
No sé per què, però justament aquesta nit
sento una necessitat irresistible d'explicar-me;
tanmateix, potser només somnio que estic parlant
i em despertaré, trobant que no he dit res

o que he parlat amb una pedra sorda: i els altres
semblen sentir una cosa diferent del que dic.
Però si vol parlar, digui'm com a mínim,
alguna cosa útil. Recorda el meu pare?

WARBURTON

Per què, sí, és clar, Harry, però no sé realment
què té a veure això amb aquesta ocasió
o amb el que t'he dit.

HARRY

El que m'ha de dir
jo ja ho dec saber
o no té importància, o bé és fals.
Però jo vull saber més del meu pare.
Gairebé no el recordo, i sé molt bé
que me'n van mantenir apartat fins que se'n va anar.
Mai no vam sentir parlar d'ell, però d'una o altra manera
sentíem que sempre era aquí.
Però quan intentàvem arribar-hi, només trobàvem un buit
envoltats de ties tafaneres: Ivy i Violet;
Agatha llavors mai no venia. On era el meu pare?

WARBURTON

Harry, no és bo remenar les desgràcies.
Ja n'hi va haver prou: però el que es va infectar
aleshores, només ha deixat un cauteri.
Deixa-ho estar. Ja saps que la teva mare
i el teu pare no van ser mai gaire feliços junts:
es van separar de comú acord
i ell se'n va anar a viure lluny. Eres només un nen
quan ell va morir. No te'n podies recordar.

HARRY

Doncs ara ho recordo. Arthur i John, no,
eren massa joves. Però ara recordo
un dia d'estiu d'una calor poc usual,
el dia que vaig perdre el meu caçapapallones;
recordo el silenci, i la profunda excitació
i la conversa en veu baixa de les ties triomfants.
Són les converses que sents per atzar,
sense voler ser sentides, amb els esguards de reüll,
que porten la mort al cor d'un infant.
Aquest va ser el dia en què ell va morir. I tant.
És a dir, suposo, el dia en què ens va arribar la notícia.

WARBURTON

Hi veus més del que hi ha.
Estic segur que la teva mare sempre se'l va estimar;
mai no hi va haver la menor sospita d'escàndol.

HARRY

Escàndol? qui ha dit escàndol? Jo no.
Sí, ara ho veig clar. Aquella nit, quan ella em va besar,
vaig sentir-me atrapat. Si no m'ho ha de dir,
ho hauré de preguntar a Agatha. Mai no m'hi hauria atrevit.

WARBURTON

T'aconsello enèrgicament, que no ho preguntis a la teva tia;
no hi ha res que ella et pugui dir. Però, Harry,
no podem estar-nos aquí asseguts tota la nit, saps;
hauràs d'assistir a la celebració d'aniversari,
i els teus germans hi seran. No deixaràs que et digui
el que t'havia de dir?

HARRY

Molt bé, digui-m'ho.

WARBURTON

És de la salut de la teva mare, que et volia parlar.
T'he de dir, Harry, que tot i que la teva mare
és encara tan activa, tan forta d'esperit,
tot i que sembla tan vital com sempre;
és només la força de la seva personalitat,
la seva voluntat indòmita, que la mantenen viva.
No em cal entrar en tecnicismes
en aquest moment. Tot l'aparell està dèbil
i deteriorat. El seu cor és molt feble.
Amb cura, i evitant tota excitació
pot viure molts anys. Un xoc sobtat
podria ser-li fatal en qualsevol moment.
Si hagués estat una altra dona
no hauria viscut fins ara.
La determinació que té l'ha mantinguda en marxa:
ha viscut només per al teu retorn a Wishwood,
perquè tu agafessis el comandament a Wishwood,
i per aquesta raó, és més essencial encara
que res no la pertorbi ni l'exciti.

HARRY

Bé!

WARBURTON

Ho sento molt per tu, Harry.
M'hauria agradat estalviar-te tot això,
precisament ara. Però hi havia dues raons
per les quals ho havies de saber. Una és la teva mare,
per fer-la feliç durant el temps que ha de viure.
L'altra ets tu mateix: el futur de Wishwood
depèn de tu. No m'agrada dir això;
però ja saps que sóc un vell amic,
i que sempre he compartit els secrets de la família;
saps tan bé com jo que Arthur i John
han estat un gran desengany per a la vostra mare.
John és molt assenyat —però no és precisament brillant;
i Arthur sempre ha estat més aviat irresponsable.
Les esperances de la teva mare se centren en tu.

HARRY

Esperances?... Digui'm
va conèixer el meu pare a la meva edat?

WARBURTON

Com? Sí, Harry, és clar que sí.

HARRY

Com era aleshores? Se m'assemblava gaire?

WARBURTON

Se t'assemblava molt. Hi ha diferències, és clar:
però, deixant de banda els canvis de la moda
i que tu no duus barba ni bigoti, se t'assemblava molt.
I ara, Harry, parlem una mica de tu.

HARRY

Mai no en vaig veure cap fotografia. No hi havia cap retrat.

WARBURTON

El que vull saber és, si estaves dormint o...
(*Entra Denman.*)

DENMAN

El sergent Winchell és aquí, senyor,
i vol veure sa senyoria amb urgència
i el doctor Warburton. Diu que és molt urgent
o, si no, no els hauria molestat.

HARRY

Que passi.

(*Surt Denman.*)

WARBURTON

No sé pas què deu voler. Espero que no hagi passat res
a cap dels teus germans.

HARRY

No pot haver passat res
a cap dels meus germans. No pot passar res,
si el sergent Winchell és real. Però Denman l'ha vist.
Però i si Denman l'ha vist, i tot i així no fos real?
Seria pitjor que res del que ha passat.
I si *vostè* l'ha vist, i...

WARBURTON

Harry! Asserena't.
Podria ser que, a un dels teus germans, li hagués passat alguna cosa.

(*Entra Winchell.*)

WINCHELL

Bona nit, senyor. Bona nit, doctor.
Moltes felici... Ai, perdoni, senyor,
em pensava que era el seu aniversari, no el de la Senyora.

HARRY

El de la senyora!

(*Es precipita cap a Winchell i l'agafa per l'espatlla.*)

És real, doctor.
Reprenguem la conversa. Vostè, jo
i Winchell. Segui, Winchell,
i prengui un vas de porto. Estàvem parlant del meu pare.

WINCHELL

Sempre està de broma, ja ho veig. No sembla ni un sol any més gran
de quan el vaig veure l'última vegada, senyor. Però un sergent rural
no es torna més jove. Gràcies, no, senyor;
no trobo que el porto lligui amb el reuma.

WARBURTON

Per l'amor de Déu, Winchell, digui'ns què el porta.
Sa senyoria no es troba gaire bé aquesta nit.

WINCHELL

Entesos, senyor.
Em passaria el mateix si fos el meu aniversari.
Perdó, me'n tornava a oblidar.
Si fos el de la meva mare. Que al cel sigui,
va morir fa deu anys. Com està la Senyora,
si se'm permet preguntar-ho, senyor?

HARRY

Per què continua preguntant
per la Senyora? Ho sap o no?
No tinc cap por de vostè.

WINCHELL

Esperaria que no, senyor.
No tenia intenció de propassar-me.
Però sap, senyor, tenia una bona raó per preguntar...

HARRY

Molt bé, vol que la faci venir?

WINCHELL

Oh, és clar que no, senyor, preferiria que no...

HARRY

Deu pensar que no ho puc fer. Però el podria sorprendre;
podria sobresaltar-lo.

WINCHELL

Ja hi ha hagut prou sobresalts per una nit, senyor:
això és pel que he vingut.

WARBURTON

Per l'amor de Déu, Winchell,
digui'ns què el porta.

WINCHELL

Es tracta del senyor John.

HARRY

John!

WINCHELL

Sí, senyor, ho sento.
He pensat que seria millor si li'n parlava amb calma,
que no pas telefonar i potser molestar la Senyora.
Així que m'he acostat amb la bicicleta. La major part caminant
a causa de la boira tan espessa, o hauria arribat més aviat.
He telefonat a cal doctor Warburton,
i m'han dit que era aquí, i que vostè havia arribat.
El senyor John ha tingut un petit accident
a la carretera Oest, amb la boira, quan venia
a una bona marxa, em sembla, xocant contra un camió
aturat al revolt. Processarem el conductor per aquest fet:
diu que no coneix aquesta part del país
i que s'ha aturat per orientar-se. L'hem portat a l'hospital militar
—el senyor John, vull dir. Per sort
el doctor Owen hi era, i l'ha examinat;
diu que no és res greu sinó algunes ferides lletges
i una commoció cerebral; diu que molt probablement
tornarà en si al matí, però que no se l'ha de moure.
Tanmateix el doctor Owen desitjava que vostè el veiés.

WARBURTON

Molt bé, molt bé. Hi aniré i li donaré una mirada.
Hem d'explicar a la teva mare...

VEU D'AMY

Harry! Harry!
Qui hi ha amb tu? És Arthur o John?
(*Entra Amy, i la segueixen, d'un en un, Violet, Ivy, Agatha, Gerald i Charles.*)
Winchell! Què hi fa aquí?

WINCHELL

Ho sento, senyora, però tot just ho he dit al doctor,
no és res més que un petit accident.

WARBURTON

John ha tingut l'accident, Lady Monchensey;
i Winchell m'ha dit que el doctor Owen l'ha vist
i diu que no és res més que una lleu commoció,
però aquesta nit no se'l pot moure. Owen m'inspira confiança
per un assumpte així. Podeu confiar en Owen.

El portarem demà; i uns dies de repòs,
no en tinc cap dubte, serà tot el que necessiti.

AMY

Accident? Quina mena d'accident?

WINCHELL

Venint entre la boira, Senyora,
i devia anar força de pressa.
Hi havia un camió aturat en un mal lloc,
fora del poble, a la carretera Oest.

AMY

On és?

WINCHELL

A l'hospital militar, Senyora;
per descomptat, encara no ha tornat en si.
Per sort, el doctor Owen era allà.

GERALD

Aniré a veure'l, Amy, i tornaré per explicar-te com està.

AMY

L'he de veure jo mateixa. Envia a buscar el cotxe de seguida.

WARBURTON

Li ho prohibeixo, Lady Monchensey.
Com a metge seu, li prohibeixo deixar la casa aquesta nit.
No hi ha res que vostè hi pugui fer, i si surt amb aquest temps
a aquestes hores de la nit, jo no respondria de les conseqüències.
Hi anirè jo mateix. Tornaré i li explicaré com està.

AMY

L'he de veure per mi mateixa. No el crec.

CHARLES

Molt millor deixar-ho a Warburton, Amy.
És una gran sort que sigui aquí.
Ens hem de posar a les ordres de Warburton.

WARBURTON

Li repeteixo, Lady Monchensey, que vostè no ha de sortir.
Si ho fa, hauré de refusar de continuar tractant-la.
Només m'està retardant. Tornaré de seguida.

AMY

Bé, suposo que té raó. Però puc confiar en vostè?

WARBURTON

Fa molts anys que confia en mi, Lady Monchensey;
no és ara l'hora de començar a dubtar de mi.
Vingui, Winchell. Podem posar la seva bicicleta
al darrera del meu cotxe.
(*Surten Warburton i Winchell.*)

VIOLET

Bé, Harry,
em sembla que hauries pogut dir alguna cosa.
No lamentes això del teu germà? No t'adones
del que ha passat i del que significa per a la teva mare?

HARRY

Oh, és clar que ho lamento. Però pel que ha dit Winchell,
no em sembla que la cosa pugui ser gaire seriosa.
Una petita molèstia com una commoció
no pot afectar gaire John.
Unes breus vacances de la mena de consciència
que gasta John, no poden afectar-lo gaire
ni a ell, ni a ningú. Si mai ha estat realment conscient,
hauria d'alegrar-me per ell que tingui un xic de respir:
ara, un dia normal de John no és gaire cosa més que respirar.

IVY

Caram, Harry! Com pots ser tan cruel?
Sempre havia cregut que te l'estimaves tant, en John.

VIOLET

I si no t'importa el que li passa a John,
podries mostrar una mica de consideració per la teva mare.

AMY

Jo no sé gaires coses:
i com més gran em faig més m'adono
del poc que he sabut mai.
Però trobo que les vostres observacions són molt més
inapropiades
que les de Harry.

HARRY

És només quan no veuen res

que les persones acostumen a mostrar les emocions
adequades;
i en tant que no senten res, les seves emocions són adequades.
No comprenen què és estar despert,
viure en diversos nivells alhora
tot i que no es pot parlar amb diverses veus alhora.
Tots els meus sentiments envers John tenen l'honestedat
que vosaltres considereu apropiada. Només que aquest no és
el llenguatge
que jo acostumo a triar. No parlaré amb el vostre.

AMY

T'assembles al teu pare
quan dius aquestes coses.

HARRY

Em sembla, mare,
que t'hauries d'estirar una mica. Deus estar molt cansada.
(*Surten Harry i Amy.*)

VIOLET

Realment, no comprenc el comportament de Harry.

AGATHA

Penso que també cal deixar que Harry estableixi
si pot, alguna comunicació amb la seva mare.

VIOLET

Em sembla que aquesta nit no n'encerto ni una.

CHARLES

Bé, és ben inútil que cap de nosaltres hi vagi
—en una nit com aquesta— hi ha unes bones tres milles;
no hi ha res que puguem fer que Warburton no pugui.
Si està pitjor del que Winchell ha dit, aleshores ens ho farà
saber de seguida.

GERALD

Pel que realment m'espanta aquest xoc, és per Amy;
però em penso que Warburton ho comprèn, *això*.

IVY

Tens molta raó, Gerald, l'únic que importa
és que ella no vegi ningú preocupat.

Hem de comportar-nos com si res no hagués passat,
i que tingui el pastís i els regals.

GERALD

Però *jo*, estic preocupat per Arthur:
té molta més tendència que John a ficar-se en embolics.

CHARLES

Però Arthur és un conductor excel·lent.
Després de tota l'experiència que ha tingut a Brooklands,
no és probable que *ell* es fiqui en embolics.

GERALD

Un conductor excel·lent, però més temerari.

IVY

Tanmateix recordo que quan eren petits,
Arthur era sempre el més aventurer
però John era qui tenia accidents,
en certa manera, perquè ell *era* el lent.
Sempre era ell el qui queia del poni,
o d'un arbre —i sempre de cap.

VIOLET

Doncs fa un any, Arthur em va portar amb el seu cotxe,
i vaig dir-li que no hi tornaria mai més.
No és que no volgués anar amb ell
—evidentment ell ho feia amb bona intenció— però penso que un cotxe descobert
és tan poc digne: vas d'un costat a l'altre,
i et sents tan centre d'atenció, apalancat al seient,
tan a prop del carrer i tothom mirant;
i la marxa a què anava era simplement espantosa.
Vaig dir-li que m'estimava més caminar: i ho vaig fer.

GERALD

Caminar? Cap a on?

VIOLET

Em va venir a buscar per dur-me a Cheltenham;
però el vaig aturar en algun lloc de Chiswick, em sembla.
De tota manera, el districte m'era poc familiar
i vaig tenir grans dificultats per tornar a casa.
Estic segura de la seva bona intenció. Però crec que és un temerari.

GERALD

Em pregunto quantes coses sap Amy d'Arthur.

CHARLES

M'imagino que més de les que procura dir.
(*Entra Harry.*)

HARRY

Em sembla que la mare s'ha adormit: és estrany com els vells
poden caure adormits enmig d'una desgràcia
igual que els infants, o els guerrers endurits. L'he vista molt
semblant a com devia ser quan era petita.
Heu fet una reunió: la indagació habitual de la família
sobre els caràcters de tots els membres joves?
O us heu dedicat a pronosticar algun succés sense importància
o a preveure algun desastre de segon ordre?
Encara continueu tractant de pensar en cada cosa
separadament,
donant importància a les petiteses, perquè tot
pugui ser poc important, una lleugera desviació
des d'un curs imaginari que la vida hauria hagut de prendre,
que vosaltres anomeneu normal. El que en dieu normal
és merament l'irreal i el poc important.
Jo era així en certa manera, mentre podia pensar
fins i tot en la meva pròpia vida com en una ruïna isolada,
una petita pèrdua casual en un univers ordenat.
Però això comença a semblar només part d'un desastre
immens,
un error monstruós i una aberració
de tots els homes, del món, que jo no puc posar en ordre.
Si tan sols sabéssiu els anys que he hagut de viure
d'ençà que he vingut a casa, fa unes hores, a Wishwood.

VIOLET

No faré cap observació al que estàs dient, Harry;
els meus comentaris no són sempre benvinguts en aquesta
família.
(*Entra Denman.*)

DENMAN

Perdoni, senyoreta Ivy. Hi ha una trucada per a vostè.

IVY

Una trucada? Per a mi? Qui deu voler res de mi?

DENMAN

No ha volgut donar el nom, senyoreta; però és el senyor Arthur.

IVY

Arthur! Ai Senyor, tinc por que no hagi tingut un accident. (*Surten Ivy i Denman.*)

VIOLET

Quan demana per Ivy, espero el pitjor.

AGATHA

Sigui el que sigui el que hagis après, Harry, cal que recordis
que sempre n'hi ha més: no podem quedar-nos essent
els espectadors impacients de la malícia o l'estupidesa.
Hem d'intentar penetrar en els altres mons secrets
de ficció i de temor. Quedar-nos en el nostre propi sofriment
és evasió del sofriment. Hem d'aprendre a sofrir més.

VIOLET

Les observacions d'Agatha sempre són agudes.

HARRY

Et penses que jo crec el que acabo de dir?
Això només era el que m'agradaria creure.
Parlava amb abstraccions: i tu has contestat amb abstraccions.
Tinc un enigma particular. Si fossin simplement fora,
podria escapar-me cap a algun indret, tal vegada. Si fossin simplement dins
potser les podria enganyar amb l'ajut del doctor Warburton.
O de qualsevol altre metge, que seria un altre Warburton,
si decidíeu de posar-me en mans d'un altre doctor.
Però això és massa real perquè els vostres mots ho alterin.
Deu haver-hi una altra manera de parlar
que ens duria a algun lloc. No m'enteneu.
No em podeu entendre. No és el fet d'estar sol
que és l'horror —estar sol amb l'horror.
El que importa són les immundícies. Puc netejar-me la pell,
purificar la meva vida, buidar-me la ment,
però sempre hi ha les immundícies, una mica més profundes...

IVY

 On hi ha un diari del vespre?

GERALD

Per què, què passa?

IVY

Que algú busqui Arthur al diari del vespre.
Era Arthur, que trucava des de Londres:
la línia estava tan malament que a penes l'he pogut sentir,
i feia un veu molt estranya. Sembla que Arthur també
ha tingut un accident. No crec que estigui ferit,
però diu que no ha pogut usar el seu cotxe,
i que ha perdut l'últim tren, així que vindrà demà;
ha dit que el diari en portava alguna cosa,
però que tot és un error. I que no ho diguem a la seva mare.

VIOLET

Quin sentit té demanar un diari del vespre?
Saps tan bé com jo que a aquesta distància de Londres
ningú no pot tenir aquest diari del vespre.

CHARLES

Espera, em sembla que he comprat l'edició del migdia
abans de deixar Sant Pancràs. Si ho he fet, és al meu abric.
Miraré si hi és. Potser dugui alguna cosa.
(*Surt.*)

GERALD

Bé, ja us he dit que Arthur era tan propens
a tenir un accident com John. I no ha estat culpa de John,
no m'ho puc creure. John no té sort,
però Arthur és definitivament un temerari.

VIOLET

Penso que aquests cotxes de carreres haurien d'estar prohibits.
(*Charles torna a entrar, amb un diari.*)

CHARLES

Sí, hi ha un paràgraf... m'alegra dir-vos
que no és gaire destacada...

GERALD

N'hi haurà més en les darreres edicions.
Més val que ens ho llegeixes.

CHARLES

(*Llegeix.*)

«Germà d'un Par té un accident de cotxe»
«L'honorable Arthur Gerald Charles Piper, germà petit de Lord Monchensey, que topà i destrossà un carro de repartidor al carrer Elbury a la matinada del primer de gener, ha estat multat avui amb 50 lliures i despeses, i se li ha prohibit de conduir un cotxe durant els pròxims dotze mesos.
»Mentre intentava de treure el cotxe del lloc del sinistre, el senyor Piper en fer marxa enrera xocà amb un aparador. Quan el van demandar, el senyor Piper digué: "Em pensava que aquí tot era camp obert"—»

GERALD

On?

CHARLES

Al carrer Elbury. «La policia ha declarat que en el moment de l'accident el senyor Piper era perseguit per una patrulla, i corria a una velocitat de 66 milles per hora. Quan se li va demanar per què no s'havia aturat quan la policia li feia senyals, va dir: «Em semblava que estaven jugant amb mi.»

GERALD

D'això és del que els comunistes s'aprofiten.

CHARLES

Encara hi ha més. «La família Piper...» No, no cal que ho llegim, això.

VIOLET

És just el que m'esperava. Però si Agatha,
a sobre, té idea de moralitzar-hi, xisclaré.

GERALD

Serà desagradable, d'explicar-ho a Amy.

IVY

Pobre Arthur! Estic segura que sou massa durs amb ell.

CHARLES

Al meu temps, aquests assumptes es mantenien al marge dels diaris;
però avui dia, no hi ha res que es consideri privat.

Cor

En una casa antiga sempre hi ha qui escolta, i s'hi sent més que no pas s'hi parla.
I el que s'hi parla roman a l'habitació, esperant que el futur ho senti.
I tot el que hi passa comença en el passat, i pressiona fortament cap al futur.
L'angoixa en el dormitori ple de cortines, ja sigui de naixement o de mort,
acumula a dintre seu totes les veus del passat, i les projecta cap al futur.
Les veus de soprano sobre la gespa
la sega del fenc a l'estiu
els gossos i el vell poni
l'ensopegada i el gemec de dolor
la tallada de llenya a la tardor
i els cants a la cuina
i els passos de nit al corredor
el moment de tedi sobtat
i l'estació de la tristesa apagada
el murmuri, la decepció transparent
el contínuum d'aparicions
poder treure el màxim d'una feina pesada
tot això entortolligat i embolicat, tot està registrat.
No podem evitar aquestes coses
i no sabem res d'exorcisme
i si a Argos o a Anglaterra
hi ha certes lleis inflexibles
inalterables, en la natura de la música.
No hi ha res a fer respecte d'això,
no hi ha res a fer respecte de res,
i ara és gairebé l'hora de les notícies
hem de sentir el servei meteorològic
i les catàstrofes internacionals.

(*Surt el cor.*)

Escena II

HARRY, AGATHA.

HARRY

John es recuperarà, serà el de sempre;
Arthur tornarà a ser entenimentat, encara que no per molt temps;
i tot continuarà com abans. Aquestes petites sorpreses
haurien de ser la rutina de la vida normal a Wishwood.
John és l'únic de nosaltres que puc imaginar
instal·lat i sentint-se com a casa a Wishwood,
celebrant un casament deslluït, casant-se amb una dona més estúpida
—més estúpida que ell mateix. Pot resistir la influència
de Wishwood, ben inconscient, vivint entre els moviments dòcils
dels cavalls, i fent les visites adequades als veïns adequats
en els moments adequats; seria un excel·lent propietari.

AGATHA

En què penses, Harry?
Puc imaginar-me el passat i el que pretens per al futur;
però falta un present, i és necessari per connectar-los.
Pots tenir por que no t'entengui,
pots tenir por de ser entès,
intenta de no considerar-ho com una explicació.

HARRY

Encara he d'aprendre exactament quina és la seva intenció.
En un principi, ja fa vuit anys,

tenia, de primer, aquesta sensació de separació,
d'isolament irremeiable, irrevocable;
és etern, o dóna un coneixement d'eternitat
perquè se sent etern mentre dura. Això és un infern.
Després, la insensibilitat va arribar a tapar-ho —aquesta n'és un altre—
aquest era el segon infern de no ser allà,
la degradació de trobar-se separat de si mateix,
del jo que persistia només com un ull, mirant.
Al llarg d'aquest darrer any, no m'he pogut refer:
quan jo era dins del vell somni, sentia la mateixa emoció
o manca d'emoció, com abans: la mateixa aversió
difosa, jo no era una persona, en un món no de persones
sinó només de presències corruptes.
I aleshores ja no em feia horror la meva acció,
només en sentia la repetició
una i altra vegada. Quan vaig ser fora,
no podia associar res de tot això a mi mateix,
encara que res més no fos real. Pensava estúpidament
que quan tornés a Wishwood, tal com l'havia deixat,
tot tornaria a lloc. Però elles ho impedeixen.
Encara he de descobrir quina és la seva intenció.
Aquí, hi he anat trobant
una desgràcia fa temps oblidada, i una nova tortura,
l'ombra d'alguna cosa darrera la nostra migrada infantesa,
algun origen de malaurança. És això el que elles volien ensenyar-me?
I ara vull que em parlis del meu pare.

AGATHA

Què en vols saber, del teu pare?

HARRY

Si ho sabés, no t'ho demanaria.
Tu saps el que vull saber, i amb això n'hi ha prou:
Warburton me n'ha parlat, tot i que no ho pensava fer.
El que vull saber és una cosa que necessito saber,
i que només tu em pots dir. Ho sé molt bé.

AGATHA

Vaig haver de lluitar durant molts anys per recuperar el que era meu,
i molts anys més per mantenir-ho. Allò pel que se'm coneix,
l'eficient directora d'un col·legi de dones:
és la superfície. Hi ha una organització
més profunda, que la teva pregunta pertorba.

HARRY

Quan ho sàpiga, sé que en certa manera trobaré
que sempre ho he sabut. I serà millor així.

AGATHA

Intentaré d'explicar-t'ho. Espero tenir forces.

HARRY

Sempre t'havia fet completament forta,
alliberada de la roda humana.
Per això comptava amb tu per la fortalesa. Ara penso que és
un afany elemental d'alliberament.

AGATHA

El teu pare podia haver viscut —o així el veig jo—
com un propietari rural excepcionalment culte,
que llegia, dibuixava, tocava la flauta,
una extravagància per als veïns del comtat,
però que no negligia els deures públics.
Amagava la seva força sota d'una inusual feblesa,
la inseguretat d'un home solitari:
allà on se sentia feble, reconeixia el poder de la teva mare,
i s'hi rendia.

HARRY

No hi va haver èxtasi.
Digue'm, qui eren els meus pares?

AGATHA

El teu pare i la teva mare.

HARRY

Amb això no em dius res.

AGATHA

El mort que has suposat que era el teu pare,
i la meva germana a qui reconeixes com a mare:
aquí no hi ha cap misteri.

HARRY

I llavors què?

AGATHA

Tu identifiques la teva mare amb aquesta casa;

i no ha estat sempre així. Van passar molts anys
abans que reeixís a arribar a un acord sobre Wishwood,
fins que ocupà el lloc del teu pare, i arribà al punt en què
Wishwood la sostenia, i ella sostenia Wishwood.
Al principi hi havia un buit. Un home i una dona
casats, sols en una solitària casa de camp, junts,
sense fills durant tres anys, aprenent el significat
de la solitud. La teva mare volia tenir sempre una germana
aquí. Jo era la més jove: aleshores jo era
una estudiant d'Oxford. Una vegada
vaig venir per unes llargues vacances. Recordo
un dia d'estiu d'una calor poc corrent
per aquest país fred.

HARRY
I després?

AGATHA
Hi ha vegades que sembla que no hi hagi passat ni futur,
només un moment present de llum dirigida
en què et vols cremar. En què allargues la mà
vers les flames. Vénen només una vegada,
gràcies a Déu, les d'aquesta mena. Potser n'hi ha d'una altra
mena,
crec, al llarg de tot un Tibet de roques esberlades,
que t'aguaiten, ullals punxents, tota una vida. Ho crec així.

HARRY
No n'he conegut cap de les dues menes.

AGATHA
La tardor va arribar massa aviat, no prou aviat.
La pluja i el vent encara no havien fet desvetllar
el teu pare. Vaig trobar-lo pensant
en com desfer-se de la teva mare. Quina trama més simple!
No estava fet per al paper d'assassí.

HARRY
De quina manera volia assassinar-la?

AGATHA
Ui, d'una dotzena de maneres ben boges, cadascuna
abandonada
per una de més enginyosa. A tu t'esperaven al cap de tres
mesos.

En aquest cas tu no hauries nascut: el vaig aturar.
No és cap mèrit tenir una mica de sentit comú,
ell ho hauria espatllat.
Jo no volia matar-te!
Que et matessin! Què eres llavors?, només una cosa
anomenada «vida»—
Una cosa que hauria d'haver estat meva, així ho sentia
aleshores.
Una gran majoria no sentirien aquest remordiment
si és que alguna vegada en senten. Però jo et volia!
Si això hagués passat, jo sabia que hauria dut
la mort en la vida, la mort al llarg de tota la vida, la mort al
meu úter.
Sentia que en certa manera eres meu!
I que en tot cas jo no tindria cap altre fill.

HARRY

I em tens. Així és com passen les coses.
Tot és veritat en un sentit diferent,
un sentit que abans hauria semblat absurd.
Tot tendeix cap a la reconciliació
mentre cau la pedra, mentre cau l'arbre. I a la fi
aquesta és la conclusió que al començament
hauria semblat la ruïna.
Potser la meva vida només ha estat un somni
vehiculat a través meu per les ments dels altres. Tal vegada
només ho he somniat, que la vaig empènyer.

AGATHA

Així ho he suposat. Què si no?
El que hem escrit no és una història de descobertes,
de crims i càstigs, sinó de pecat i d'expiació.
És possible que no hagis sabut quin pecat
hauràs d'expiar, o de qui és, o per què. És ben cert
que aquest coneixement ha de precedir l'expiació.
És possible que el pecat pugui forcejar i lluitar
en un obscur naixement instintiu, per arribar a la consciència
i així trobar l'expurgació. És possible
que tu siguis la consciència de la teva dissortada família,
l'ocell enviat a volar entre les flames purificadores.
En efecte és possible. Ho pots aprendre a l'altre món,
movent-te sol entre flames de gel, escollides
per resoldre l'encantament que nosaltres patim.

HARRY

Mira, no sé per què,
per un moment sóc feliç, com si hagués vingut a casa.
És força irracional, però ara
em sento força feliç, com si la felicitat
no consistís a obtenir el que es desitja
o a desfer-se del que un no es pot desfer
sinó en una visió diferent. És com un final.

AGATHA

I un principi. Harry, estimat,
em sento molt cansada, com només els vells s'hi senten.
Els joves se senten cansats al final d'una acció;
els vells, al principi. És com si
hagués estat vivint tots aquests anys del meu capital,
en lloc de guanyar-me la renda espiritual diària:
i ja sóc gran, per tornar a començar a fer la meva vida.

HARRY

Però no ets desgraciada ara?

AGATHA

Què vol dir aquesta paraula?
És el descans d'una càrrega que he portat,
i l'esgotament al moment del descans.
Ara la càrrega és teva, teva
la càrrega de tota la família. I jo estic una mica espantada.

HARRY

Tu, espantada! A penes m'ho puc imaginar.
Desitjaria haver-ho sabut —però va ser impossible.
Fins ara no començo a conèixer-te una mica,
a tu i a tots nosaltres. L'estimació familiar
era una mena d'obligació formal, un deure
que només es notava quan era negligit. S'havia de representar aquest paper.
Després d'aquesta preparació, podria suportar, aquests deu anys,
representant un paper que m'ha estat imposat;
i he tornat per trobar-me'n un altre a punt:
el llibre obert, les línies subratllades, i la disfressa
a punt per vestir. Però això és molt estrany:
quan l'altra gent semblava ser tan forta, aquella aparent fortalesa que tenien
ofegava la meva decisió. Ara veig

que fins podria agafar més estimació per la mare
—almenys ser més compassiu— per comprensió.
Però no li agradaria. Ara veig
que m'han ferit en una guerra de fantasmes,
no d'éssers humans —no tenen pas més poder que jo.
Les coses que em pensava que eren reals són ombres, i les reals
són aquelles que em pensava que eren ombres secretes.
Aquesta terrible intimitat
de la ment insana! Ara puc viure en públic.
La llibertat és una mena de dolor distint del de la presó.

AGATHA

Jo només mirava a través de la portella
quan el sol brillava en el jardí de roses:
i vaig sentir en la llunyania unes febles veus
i llavors un corb negre va aixecar el vol
i després jo només era els meus peus que s'allunyaven,
per un passadís de ciment
dins un aire mort. Només peus caminant
i talons punxeguts arrossegant-se. Per sobre i per sota
eco i soroll de peus.
Jo era només els peus, i l'ull
que veia els peus: l'ull obert
que fixava el moviment. Per sobre i per sota.

HARRY

Dins i fora, en un impuls sense fi
de formes cridaneres en un desert circular
onejant amb el contagi d'abraçades putrefactes
sobre l'os dissolt. Dins i fora, el moviment
fins que la cadena es trencà, i em vaig quedar
sota l'únic ull sobre el desert.

AGATHA

Amunt i avall, pels passadissos de pedra
d'un hospital immens i buit
impregnat d'olor de desinfectant,
mirant recte al davant, passant finestres barrades.
Amunt i avall. Fins que la cadena es trenqui.

HARRY

Anant i venint, arrossegant els peus
entre ombres internes dins l'ermot ple de fum
intentant evitar branques enfiladisses
 i el llangardaix gegant. Anant i venint.

Fins que la cadena es trenqui.
La cadena es trenca,
la roda s'atura, i el soroll de la maquinària,
i el desert queda buit, sota el sol de justícia
de l'ull final, i l'horrible evacuació purifica.
Jo no hi era, tu no hi eres, només els nostres fantasmes
i el que no succeí és tan cert com el que succeí
ai Senyor, i vas passar a través de la portella
i vaig córrer per trobar-te al jardí de roses.

AGATHA

Això va ser després. Això és el principi.
No passem dues vegades per la mateixa porta
i no retornem a la porta per la qual no vam passar.
Ja he vist el primer acte: l'alleujament del que ha succeït
també és alleujament d'aquest desig insatisfet
adulat en dormir, i decebut en despertar.
Tens un llarg camí.

HARRY

No encara! No encara! És la primera vegada que he estat lliure
de l'anella d'espectres amb les mans unides, dels perseguidors,
i que arribo a un lloc tranquil.
Per què és tan tranquil?
Sents com una agitació sota de l'aire?
La sents o no? una comunicació, una escena
directa al cervell... però no pas com abans,
ni ben igual, ni la mateixa...
(*Apareixen les Eumènides.*)
i aquesta vegada
no podeu pensar que estic sorprès de veure-us.
I no pensareu que tingui por de veure-us.
Aquesta vegada, sou reals, aquesta vegada, sou fora de mi,
i ben suportables. Sé que esteu preparades,
preparades per deixar Wishwood, i jo vindré amb vosaltres.
M'heu seguit fins aquí, on creia poder-vos esquivar.
No! Ja éreu aquí abans que jo arribés.
Ara a la fi veig que sóc jo que us segueixo,
i sé que només pot haver-hi un itinerari
i una destinació. No perdem el temps. Us seguiré.

(*Es tanquen les cortines. Agatha va cap a la finestra, com si anés somnàmbula, i obre les cortines, deixant obert l'ampit buit. Se situa al lloc que havien ocupat les Eumènides.*)

AGATHA

Una maledicció ve a ser
com la formació d'un infant.
En ambdós, l'increïble
esdevé real
sense que la nostra intenció
sàpiga el que es pretén.
Una maledicció és com un infant, format
en un moment d'inconsciència
en un llit accidental
segons la fase de la lluna.
Una maledicció és com un infant, format
per créixer fins a la maduresa:
accident és designi
i designi és accident
en un núvol de desconeixença.
Ai, infant meu, maledicció meva,
seràs realitzat:
el nus serà desnuat
i el tort serà redreçat.
(*Torna cap al centre de la cambra*.)
Què he estat dient? Em sembla que deia
que tenies un llarg camí. No tens cap raó per quedar-te.
Pensa-hi com un infant a la recerca d'un tresor:
aquí has trobat una pista, amagada al lloc més obvi.
Et demores, i es perd. L'amor imposa la crueltat
a aquells que no comprenen l'amor.
El que desitjaves saber, el que has après
signifiquen el final d'una relació, la fan impossible.
Tu no ho pretenies, això, jo no ho pretenia,
ningú no ho pretenia, però... te n'has d'anar.

HARRY

Ens tornarem a trobar potser?

AGATHA

Ens tornarem a trobar potser?
I qui es torna a trobar? La trobada és per als estranys.
La trobada és per als qui no es coneixen.

HARRY

Sé que he pres una decisió
en un moment de claredat, i ara em trobo de nou a les fosques.
Només sé que he pres una decisió
que fa d'eco en les teves paraules. Encara estic contaminat,

però sé que només hi ha un camí lluny de la màcula,
que porta al final a la reconciliació.
I sé que me n'he d'anar.

AGATHA

Te n'has d'anar.

(*Entra Amy.*)

AMY

Què li estàs dient, a Harry? Tot just acaba d'arribar,
i ja li dius que se'n vagi?

AGATHA

Se n'anirà.

AMY

Se n'anirà? I qui ets tu per dir que se n'anirà?
Em sembla que sé prou bé per què vols que se'n vagi.

AGATHA

Jo no vull res. Només dic el que sé que passarà.

AMY

Dius només el que pretens que passi.

HARRY

Oh, mare,
això no té a veure amb Agatha, com tampoc amb la resta de vosaltres.
El consell m'ha arribat d'una altra procedència,
però no puc explicar-t'ho ara. Estigues segura, només,
que sé el que em faig, i el que he de fer,
i que això és el millor per a tots.
Però per ara, no ho puc explicar a ningú:
no trobo paraules per explicar-ho;
això és el que ho fa més difícil. Només m'has de creure,
fins que torni a venir.

AMY

Però per què te'n vas?

HARRY

Només puc parlar
i no em pots sentir. Només puc parlar
perquè no pensis que amago una explicació,
i per dir-te que m'hauria agradat explicar-t'ho.

AMY

Per què ho ha de saber Agatha, i a mi no m'és permès?

HARRY

No sé si Agatha sap
o quantes coses sap. Qualsevol coneixement que en pugui tenir,
no he estat jo qui li ho ha dit... Tot aquest any,
aquest últim any, he estat fugint
però sempre en la ignorància de perseguidors invisibles.
Ara sé que tota la meva vida ha estat una fugida
i els fantasmes s'alimentaven de mi mentre escapava. Ara sé
que l'últim refugi aparent, el recer segur,
és on els trobem. Aquest és el camí dels espectres...

AMY

Aquí no hi ha ningú!
Ningú més que la teva família!

HARRY

I ara sé
que la meva tasca no és fugir, sinó perseguir,
no és evitar de ser trobat, sinó buscar.
No hauria escollit aquest camí, si n'hi hagués hagut un altre!
En aquest moment, és la cosa més dura, i l'únic possible.
Ara em guiaran. Estaré segur amb ells;
aquí no estic segur.

AMY

Així vols fugir.

AGATHA

En un món de fugitius
la persona que pren la direcció oposada
semblarà que fugi.

AMY

Estava parlant amb Harry.

HARRY

És molt dur que algú que ha recobrat la sensatesa,
i encara no l'ha refermada
comenci a semblar el més foll a la resta de la gent.
També és dur per a tu, mare, és realment més dur,
no comprendre.

AMY
On te n'aniràs?

HARRY
Ho hauré d'estudiar. Això encara és incert.
No he obtingut encara la direcció precisa.
A on se'n va algú que fuig d'un món d'insensatesa?
A algun lloc a l'altra banda del desesper.
A l'adoració en el desert, la set i la privació,
un santuari de pedra i un altar primitiu,
la calor del sol i la vetlla gelada,
una protecció de les vides dels humils,
la lliçó d'ignorància, de malalties incurables.
Aquestes coses són possibles. És amor i terror
del que espera i em necessita, i no em deixarà caure.
Que canti el grill. John serà l'amo.
Tot el que tinc és seu. No li pot venir cap mal.
Allò que, a mi, em destruiria serà vida per a John,
sóc responsable d'ell. El perquè d'aquesta elecció,
no l'entenc. Deu fer temps que s'ha anat elaborant des de sempre,
i veig que era el que jo sempre havia volgut. La força demanada
que sembla excessiva, és només la força suficient que em donen.
Cal que segueixi els àngels brillants.
(*Surt.*)

Escena III

AMY, AGATHA.

AMY

He estat una beneita demanant-te de tornar a Wishwood;
però pensava, trenta-cinc anys és molt de temps, i la mort és un final,
i pensava que, potser el temps hauria fet canviar Agatha
—prou que m'ho ha fet fer a mi. Fa trenta-cinc anys
em vas prendre el marit. Ara em prens el fill.

AGATHA

Que et vaig prendre què? Res que mai haguessis tingut.
Què hi vaig guanyar? Trenta anys de solitud,
sola, entre dones, en un col·legi de dones,
intentant de no desagradar a les dones. Trenta anys per meditar.
Suposes que volia tornar a Wishwood?

AMY

El més rapaç, prendre'm el que mai no vaig tenir;
el més imperdonable, tirar-me en cara que mai no ho he tingut.
Si m'haguessis pres el que tenia, m'hauries deixat almenys un record
d'alguna cosa per continuar vivint. Tu sabies que m'ho prenies tot
excepte les parets, els mobles, els acres;
sense deixar-me res; només el que jo mateixa podia produir,
el que jo podia plantar aquí. El vaig retenir set anys,
pel bé del futur, un espectre a disgust,

a la seva pròpia casa. I què me'n dius de la humiliació,
de les gèlides pretensions en la cambra silent,
forçant els fills cap a un pare que no els desitjava?
Goses pensar què significa això? Intenta pensar-ho.
Jo tindria fills, si no podia tenir marit:
després el vaig deixar marxar. Em vaig rebaixar.
Vaig mostrar cap feblesa, vaig autocompadir-me?
Vaig esforçar-me per als propòsits de Wishwood;
Fins et vaig demanar de tornar a visitar-me quan ell va ser fora,
perquè no hi pogués haver rumors desagradables.
Et pensaves que jo no ho sabia!
Tu pots ser reservada, però, a ell, sempre el veia venir.
I ara és el meu fill.

AGATHA

Jo sé una cosa, Amy:
que mai no has canviat. I potser jo tampoc.
Em pensava que sí, fins aquesta nit.
Però almenys volia fer-ho. Ara he de començar.
No hi ha res més difícil. Però tu ets exactament la mateixa:
igual de voraç pel que no pots tenir
perquè ho repel·leixes.

AMY

He preparat la situació
perquè ens reconciliéssim, per Harry,
pels seus errors, per la seva infelicitat,
per la tristesa que ha deixat darrera seu,
per la pèrdua. Jo volia esborrar
tot el seu passat, i no deixar res, només recordar-li
els anys que havia estat un nen feliç a Wishwood;
per al seu futur èxit.

AGATHA

L'èxit és relatiu:
és el que podem fer de l'embolic que hem fet de les coses,
és el que ell pot fer, no el que faries per ell.

AMY

L'èxit és una cosa, el que faries per ell
n'és una altra. Jo en dic fracàs. La teva fúria possessiva
s'ha fet molt més forta per tots aquests anys d'abstinència.
Fa trenta-cinc anys em vas prendre el marit
i ara em prens el fill.

AGATHA

Per què ens hem de barallar pel que ni l'una ni l'altra no pot tenir?
Si ni l'una ni l'altra mai no ha tingut ni marit ni fill
no tenim cap motiu de disputa.

AMY

Qui t'ha posat de jutge? Què, si et plau,
et dóna el poder de saber què és el millor per a Harry?
Què t'ha donat aquesta influència per persuadir-lo
a abandonar el seu deure, la seva família i la seva felicitat?
Qui ha planejat el seu bé? Tu o jo?
Trenta-cinc anys dissenyant-li la vida,
vuit anys vigilant, sense ell, a Wishwood,
anys d'amargor i de desengany.
Quina part hi tens tu, en això? Què has donat?
I ara al moment de l'èxit contra el fracàs,
quan estava segura de veure'l establert i feliç,
tu que em vas prendre el marit, ara em prens el fill,
l'apartes de Wishwood, l'apartes de mi,
l'apartes...
(*Entra Mary.*)

MARY

Perdona'm, cosina Amy. Acabo de veure Denman.
M'ha vingut a dir que Harry ens deixa:
Downing li ho ha dit. Ja ha tret el cotxe.
Què passa?

AMY

Aquella dona d'allà,
ella l'ha persuadit: no sé pas com.
Sempre m'he volgut convèncer
que ell no era tan dèbil com el seu pare
a les mans d'una dona sense escrúpols.
Jo no tinc cap influència sobre ell: tu ho pots intentar,
però no ho aconseguiràs: ella té algun encanteri
que funciona de generació en generació.

MARY

De debò que Harry se'n va?

AGATHA

Se'n va.

 Però no és pel meu encanteri, jo no en sóc responsable:

només he observat i esperat. En aquest món
això és inexplicable, la resolució és en un altre.

MARY
Oh, però és el perill, que ve d'un altre!
No el pots aturar? Cosina Agatha, atura'l!
Tu no saps el que he vist i el que sé!
Corre un greu perill, ho sé, no em preguntis per què,
no em creuries, però et dic que ho sé.
L'has de fer quedar, no has de deixar que se'n vagi.
No sé què hem de fer, què es pot fer,
tant aquí, com en un altre lloc, a qualsevol lloc, està en perill.
Jo em quedaré o me n'aniré, el que sigui millor;
no m'importa el que em passi,
però Harry no se n'ha d'anar. Cosina Agatha!

AGATHA
Aquí el perill, aquí la mort, aquí, en cap altre lloc;
en un altre lloc hi ha sens dubte angoixa, renúncia,
però naixement i vida. Harry ha creuat la frontera
més enllà de la qual seguretat i perill tenen un sentit diferent.
I no pot retornar. Aquest és el seu privilegi.
Per aquells que viuen en aquest món, només aquest món,
et penses que assumiria la responsabilitat
de temptar-los fins al límit? Ningú no podria, ningú que sàpiga.
Ningú que tingui la menor sospita del que es troba allà.
Però Harry ha estat guiat a través de la frontera: cal que continuï;
per a ell la mort és ara només en aquest costat,
per a ell, perill i seguretat tenen un altre sentit.
Elles ho han aclarit. I jo, que les he vist, les he de creure.

MARY
Ah!... així ... que tu també les has vist!

AGATHA
Tots hem de marxar, cadascú en la seva pròpia direcció,
tu, i jo, i Harry. Tu i jo,
estimada, molt probablement podrem retrobar-nos
en el nostre vagareig per territori neutral
entre dos mons.

MARY
Llavors em vols ajudar!

Recordes el que t'he dit aquest vespre?
Sé que tenia raó: m'has fet esperar per a això,
només per a això. Suposo que no parlava seriosament,
llavors, però ara sí que hi parlo. És clar que era massa tard
llavors, perquè res vingués a mi: ho hauria d'haver sabut;
tot s'havia acabat, crec, abans que comencés;
però m'enganyava a mi mateixa. Porta tants anys
adonar-se que una és morta! Així que m'has d'ajudar.
Me n'aniré. Però suposo que és massa tard
ara, per mirar d'obtenir una beca?

AMY

O sigui que em deixareu tots!
Una vella sola en una casa maleïda.
Deixaré que les parets s'ensorrin. Per què m'hauria d'escarrassar
per mantenir les teules sobre la teulada, per combatre contra el temps sense fi,
per resistir el vent? Per lluitar contra els impostos creixents
i les rendes no pagades i els delmes? Per fomentar inversions
amb nits de vetlla i pacients càlculs
amb l'administrador, el corredor, l'agent? Per què ho hauria de fer?
No li pertoca al cos dins la tomba
preocupar-se per la conservació. Que ho facin el vent i la pluja.

(*Mentre Amy estava parlant, Harry ha entrat, vestit per al viatge.*)

HARRY

Però, mare, sempre tindràs Arthur i John
per preocupar-se'n: no és que John se'n preocupi gaire,
el destinat i l'amo perfecte de Wishwood,
el fill ideal. I pel que a mi fa,
sóc l'últim per qui t'has de preocupar;
he de seguir el meu camí, i quedo fora dels perills normals
si el segueixo. No m'ho puc explicar
però és així, mare. Fins que torni.

AMY

Si te'n vas ara, no et tornaré a veure mai més.

(*Mentrestant Violet, Gerald i Charles han entrat.*)

CHARLES

On se'n va Harry? Què passa?

AMY

Pregunta-ho a Agatha.

GERALD
Per què, què passa? On se'n va?

AMY
Pregunta-ho a Agatha.

VIOLET
No entenc res. Per què ens deixa?

AMY
Pregunta-ho a Agatha.

VIOLET
De debò, de vegades em sembla
que sóc l'única persona sana d'aquesta casa.
El vostre comportament em sembla del tot inexplicable.
Què ha passat, Amy?

AMY
Harry se'n va a fer-se missioner.

HARRY
Però...!

CHARLES
Missioner! Això no havia passat mai en la nostra família!
I per què amb tanta pressa? Abans de prendre una decisió...

VIOLET
No pot ser que pensis seriosament de viure en un clima tropical!

GERALD
No té res de dolent un clima tropical,
però hi has d'anar ben preparat;
el primer de tot són els coneixements mèdics.
M'he trobat amb missioners, ben sovint:
alguns d'ells bons companys. Una professió difamada.
De vegades són molt útils, en conèixer els natius,
de tant en tant ben pesats. Però hauràs d'aprendre la llengua
i diversos dialectes. Vol dir, doncs, molta preparació.

VIOLET
I cal que estiguis religiosament qualificat!
Penso que hauries de consultar el vicari...

GERALD

I no oblidis
que necessitaràs algunes vacunes,
depèn d'on vulguis anar.

CHARLES

Una cosa així
no havia passat mai en la nostra família.

VIOLET

No ho puc entendre.

HARRY

Mai no he dit que em volgués fer missioner.
Us ho explicaria, però cap de vosaltres no ho creuria:
si ho creguéssiu, tampoc no ho entendríeu.
No podeu saber per què me'n vaig. No heu vist
el que jo he vist. ¿Per què ho heu de fer tan ridícul
precisament ara? Voldria, si us plau,
el mínim d'escarafalls possibles. Us hi heu d'acostumar;
mentrestant, excuseu-me per les meves males maneres.
Però si ho poguéssiu entendre, n'estaríeu ben contents,
així, doncs, us diré adéu, fins que ens tornem a trobar.

GERALD

Bé, si estàs decidit, Harry, ho haurem d'acceptar;
però és una nit dolenta, i hauràs d'anar amb compte.
T'enduus Downing amb tu?

HARRY

I tant que m'enduc Downing.
No heu de tenir por que jo pugui estar en perill
d'accident, com ha passat amb Arthur i John:
Tingueu cura d'ells. De la meva adreça, mare,
se n'ocuparà el Banc de Londres fins que rebis notícies meves.
Adéu, mare.

AMY

Adéu, Harry.

HARRY

Adéu.

AGATHA

Adéu.

Harry

Adéu, Mary.

Mary

Adéu, Harry. Cuida't, sobretot.

(*Surt Harry.*)

Amy

A la meva edat, tot just començo a copsar la veritat
de les coses massa tard per posar-hi remei: això és ser vell.
De tota manera, estic contenta si les puc arribar a conèixer.
Sempre vaig voler massa per als meus fills,
més del que la vida pot donar. I ara en sóc castigada.
Gerald! ets la persona més estúpida d'aquesta cambra,
Violet, tu ets la més malèvola encara que inofensiva;
prefereixo la vostra companyia a la de qualsevol altre
perquè em deixeu a la cambra del costat. On podré descansar.
Després us en podreu anar.

Gerald

Molt bé, Amy.

Violet

No entenc
res del que ha passat.

(*Surten Amy, Violet, Gerald.*)

Charles

És molt estrany,
però començo a sentir, tot just començo a sentir
que hi ha alguna cosa que podria comprendre, si se m'expliqués.
Però no estic segur de voler-ho saber. Em dec estar fent vell:
La vellesa, fins ara, venia suaument. Jo em sentia prou segur;
I ara no em sento segur. Com si la terra s'obrís
fins al centre, com quan jo travessava Pall Mall.
Pensava que la vida ja no podia portar més sorpreses;
Però ara recordo que el buldog de l'Arcada Burlington
sempre em sorprèn.
Si estiguéssim desperts, i cada moment fos com aquest, què?
Vosaltres dues sembla que en sabeu més, de tot això, que no pas jo.

(*Entra Downing, precipitadament, vestit de xofer.*)

DOWNING

Oh, perdoni'm, senyoreta, perdoni'm, senyor Charles:
sa senyoria m'ha fet tornar perquè li sembla,
que s'ha deixat el porta-cigarrets damunt la taula.
Ah, és allà. Gràcies. Bona nit, senyoreta; bona nit,
senyoreta Mary; bona nit, senyor.

MARY

Downing, promet que no deixarà mai sa senyoria
mentre sereu fora?

DOWNING

                    I és clar, senyoreta;
no el deixaré mai mentre em necessiti.

MARY

Però el necessitarà. No l'ha de deixar mai.

DOWNING

Pot pensar que fa riure el que ara li diré;
però en realitat no és estrany, senyoreta, si es mira bé:
després de tots aquests anys que he estat amb ell
em sembla que entenc sa senyoria millor que ningú;
i tinc com un pressentiment que sa senyoria, ara, no em necessitarà
gaire temps. No li puc donar les raons.
Però per mostrar-li el que vull dir, encara que difícilment ho creurà,
sempre he dit, que tot el que li ha passat, a sa senyoria,
ha estat sols com una preparació per a alguna cosa més.
No tinc el do de la paraula, però estic segur del que vull dir:
molts de nosaltres sembla que visquem d'acord amb les circumstàncies,
però la gent com ell, té alguna cosa en el seu interior
que justifica el que els passa. Se'n té un pressentiment, d'això.
És a dir que em sembla saber-ho per endavant, quan ha de passar alguna cosa,
i sembla molt natural, tractant-se de sa senyoria.
I és per això que ara dic que tinc el pressentiment
que no em necessitarà gaire, que no necessitarà ningú.

AGATHA

Downing, si el seu comportament sembla inexplicable,
de vegades, no se n'ha de preocupar.
Està tan sa com vostè o com jo,

veu el món tan clarament com el veiem vostè o jo,
només és que ell ha vist molt més que això,
i nosaltres també les hem vist —la senyoreta Mary i jo.

DOWNING

La comprenc, senyoreta. I se se'm permet de dir-ho,
ara que vostè ha tret el tema, estic molt més alleujat
—si m'entén el sentit. Pensava que aquesta era la raó
de marxar aquesta nit. De fet, m'ho mig esperava,
per això he posat el cotxe a punt. Vostè vol dir aquells espectres, senyoreta!
Em sorprenia que sa senyoria trobés el moment de veure'ls;
i així que vostès també els han vist! Les deuen haver impressionat!
A mi també, al principi. Aviat t'hi acostumes.
És clar, jo sabia que tenien a veure amb sa senyoria,
i no amb mi, per tant podia mirar-me'ls alegrement,
per dir-ho així. Són inofensius,
ho puc jurar. Això és tot, senyoreta?

AGATHA

Això és tot, gràcies, Downing. No l'entretenim més;
sa senyoria deu estar intrigat perquè triga tant.
(*Downing surt. Ivy entra.*)

IVY

On se'n va Downing? On és Harry?
Mireu. Aquí hi ha un telegrama d'Arthur;
(*Entren Gerald i Violet.*)
Per què el deu enviar després d'haver trucat?
Us el llegeixo? No sé pas
si l'he d'ensenyar a Amy o no.
(*Llegeix.*)
«Lamento retard assumpte a ciutat moltes felicitats ens veurem demà moltes felicitats visca t'estima Arthur.»
Vull dir, després del que sabem que ha succeït,
penseu que Amy l'ha de veure?

VIOLET

No, ni parlar-ne.
Tu no saps el que ha passat, Ivy.
I si ho sabessis, no ho entendries.
Jo no ho entenc, com podries tu? Amy no està bé;
i està descansant.

Ivy

Vaja, ho sento. Però no podeu explicar-m'ho?
Per què feu tots aquesta cara tan estranya? Penso que se'm podria permetre saber
què ha passat.

Veu d'Amy

Agatha! Mary! Veniu!
El rellotge s'ha aturat en la fosca!
(*Surten Agatha i Mary. Pausa. Entra Warburton.*)

Warburton

Bé! Fa una nit fastigosa per estar-se a fora.
Per això he trigat tant, anant i venint.
Però m'alegra de dir-vos que John va millorant;
no era tan seriós com deia Winchell,
i el tindrem aquí, amb nosaltres, al matí.
Espero que Lady Monchensey no s'haurà amoïnat.
Tinc ganes de tranquil·litzar-la. Però, què passa?
(*Entra Mary.*)

Mary

Doctor Warburton!

Warburton

Excuseu-me.
(*Surten Mary i Warburton.*)

Cor

No ens agrada mirar per la mateixa finestra, i veure un paisatge completament diferent.
No ens agrada pujar un esglaó, i trobar que baixem.
No ens agrada sortir per una porta, i trobar-nos de nou a la mateixa cambra.
No ens agrada el laberint del jardí, perquè s'assembla massa al laberint del cervell.
No ens agrada el que passa quan estem desperts, perquè s'assembla massa al que passa quan estem adormits.
Comprenem la tasca corrent de viure,
sabem com fer anar la màquina,
generalment podem evitar els accidents,
estem assegurats contra el foc,
contra el pillatge i la malaltia,
contra les instal·lacions d'aigua defectuoses,
però no contra els actes de Déu.

Coneixem diverses fetilleries i encantaments
i formes menors de bruixeria,
endevinació i quiromància,
específics contra l'insomni,
el lumbago, i la pèrdua de diners.
Però el cercle de la nostra comprensió
és una àrea molt restringida.
Excepte per un nombre limitat
de propòsits estrictament pràctics
no sabem què estem fent;
i fins, quan s'hi pensa,
no sabem gaire què s'està pensant.
Què hi passa, fora del cercle?
I què significa el que hi està passant?
Quina emboscada s'amaga més enllà del bruc
i darrera les Roques Dretes?
Més enllà de la volta del cel
i darrera la lluna somrient?
I què ens estan fent?
I què som, i què fem?
Per a cap de totes aquestes preguntes
no hi ha resposta possible.
Hem sofert molt més que una pèrdua personal;
hem perdut el nostre camí en la fosca.

IVY

M'hauré de quedar fins després dels funerals: encara serà vàlid el meu bitllet cap a Londres?

GERALD

No em fa gaire gràcia haver de veure Arthur i John al matí.

VIOLET

Haurem d'esperar fins que ens llegeixin el testament. Enviaré un telegrama al matí.

CHARLES

Em temo que la meva intel·ligència no és la que era —ho era? i tot i així penso que ho podria entendre.

TOTS

Però ens hem d'adaptar al moment: hem de fer bé les coses.

(Entren, per una porta, Agatha i Mary, i paren una tauleta portable. Per una altra porta, entra Denman amb un pastís d'aniversari amb espelmes enceses, i el col·loca a la tauleta. Surt Den-

man. Agatha i Mary caminen lentament en fila voltant la taula, com les agulles de rellotge. A cada volta apaguen unes quantes espelmes, de manera que les últimes paraules les diuen a les fosques.)

AGATHA

Una maledicció arriba a poc a poc
per acomplir-se del tot
no es pot precipitar
i no es pot retardar.

MARY

No es pot desviar
un intent de desviar-la
només n'implica d'altres
el dia de la consumació.

AGATHA

Una maledicció és un poder
no subjecte a la raó
cada maledicció té una direcció
el seu propi camí d'expiació.
Continua, continua.

MARY

No és durant el dia
i en el món de més ençà
on sabem el que fem
no hi ha cap operació.
Continua, continua.

AGATHA

Sinó durant la nit
i en el món inferior
on les xarxes que hem teixit
ens lliguen l'un a l'altre.
Continua, continua.

MARY

S'ha escrit una maledicció
en el revés de les coses
darrera el mirall somrient
i darrera la lluna somrient.
Continua, continua.

Agatha

D'aquesta manera, el pelegrinatge
d'expiació
al voltant del cercle
completant l'encant
perquè el nus es desnuï
el creuat es descreui
el tort es redreci
i la maledicció s'acabi
per intercessió
pel pelegrinatge
per aquells que se'n van
en direccions diverses
per a la pròpia redempció
i la dels qui han partit—
que en pau reposin.

El secretari de confiança

L'evolució d'aquesta obra des del primer esborrany fins al text final, ha estat influïda en cada etapa per suggeriments oferts, i per objeccions fetes, pels senyors E. Martin Browne i John Hayward. A ambdós desitjo mostrar-los el meu agraït reconeixement.

T.S.E.
Novembre 1953

Traducció de Rosa Vallverdú i Vilaginés

Títol original: *The Confidential Clerk* (1954).

PERSONATGES

SIR CLAUDE MULHAMMER
EGGERSON
COLBY SIMPKINS
B. KAGHAN
LUCASTA ANGEL
LADY ELIZABETH MULHAMMER
SENYORA GUZZARD

L'obra original fou estrenada dins el marc del Festival d'Edimburg l'estiu de 1953.

Acte I

La sala del despatx al primer pis de la casa de Londres de Sir Claude Mulhammer. A primera hora de la tarda. Sir Claude està escrivint al despatx. Entra Eggerson.

SIR CLAUDE

Ah, és aquí, Eggerson! Puntual com sempre.
Em sap greu haver-lo fet venir a Londres
de tan lluny, des de Joshua Park, per un encàrrec com aquest.
Però sap, a la meva dona no li agradaria que l'anés a rebre
a Northolt, algú que no fos vostè. I no podia enviar-hi Colby.
No és la manera d'arreglar la primera trobada,
en el seu retorn de Suïssa.

EGGERSON

Impossible, Sir Claude!
una situació molt delicada,
la seva primera trobada amb el senyor Simpkins.
Però he estat content de tenir una excusa per venir a Londres:
m'he passat el matí comprant! Eines de jardineria.
La quantitat de coses que es necessiten per a un jardí!
I he pensat, ara és hora de comprar algunes eines noves
per no perdre ni un moment al final de l'hivern.
I m'he proveït d'algun material que la senyora Eggerson
espera de fa temps. Així estarà contenta.
Després he dinat als magatzems —hi ha un restaurant;
un dinar excel·lent, i barat, pels temps que corren.
Però on és el senyor Simpkins? Vindrà aquí?

SIR CLAUDE

L'he hagut d'enviar al centre aquest matí,
però tornarà, espero, abans que vostè se'n vagi.

EGGERSON

I com va? Perfectament, n'estic segur,
com que no n'he sabut res des de l'última vegada que vaig venir.

SIR CLAUDE

Bé, evidentment, Eggerson, vostè és insubstituïble...

EGGERSON

Oh, Sir Claude, no hauria de dir això!
El senyor Simpkins està molt més ben qualificat que jo
per ser el seu secretari de confiança.
S'anava adaptant, molt ràpidament,
durant el temps que vam treballar junts.
Tot el que necessita és confiança.

SIR CLAUDE

I experiència.
Amb un home jove, cal un cert reajustament.
Però estic convençut que ja comença a obrar amb tacte,
i crec que s'ho va prenent tot amb un gran interès.

EGGERSON

I es recupera del disgust?
És clar, jo no li ho he comentat mai:
només sé el que vostè em va dir.

SIR CLAUDE

Sobre la seva música.
Sí, suposo que sí. Comprenc els seus sentiments.
És com jo, Eggerson. El mateix disgust
d'una manera diferent. Ell no oblidarà mai
que la seva gran ambició era ser un organista,
com jo no puc oblidar... tant se val.
El millor ha estat trobar una altra cosa
a fer, i fer-la bé. I penso que l'ha trobada,
com jo. Li hauré de parlar de mi mateix.
Però per ara, l'he deixat al seu aire:
he pensat que entraria en aquest estil de vida més ràpidament
si començàvem parlant purament de negocis.

EGGERSON

No hi ha dubte que és el millor. Mentre visqui
 amb la seva tia a Teddington, i es presenti diàriament

com jo solia fer. I el pis de la cavallerissa?
Quant temps trigarà a tenir-l'hi a punt?

SIR CLAUDE

Encara han de fer les parets. I després caldrà moblar-lo.
Estic mirant de trobar-li un bon piano.

EGGERSON

Un piano? Sí, segur que se sentirà com a casa
quan tingui un piano. Pensa en tot, vostè.
Però si puc fer un suggeriment: jardineres!
Ha mostrat tant d'interès pel meu jardí
que penso que hauria de tenir algunes jardineres.
Algun dia, voldrà un jardí propi. Ah, i un gibrellet per als ocells!

SIR CLAUDE

Un gibrellet per als ocells? A la cavallerissa? Quin sentit té, això?

EGGERSON

Em va dir que li agradava molt mirar els ocells.

SIR CLAUDE

Però no hi haurà cap ocell —no podrà mirar-ne cap.

EGGERSON

No ho sé, Sir Claude. Precisament l'altre dia
llegia una carta al *Times* sobre els ocells de Londres:
I segur que serà el senyor Simpkins qui en trobarà, si algú pot fer-ho.

SIR CLAUDE

Bé, ho deixarem estar per ara. Com que encara tenim temps
abans que se'n vagi cap a Northolt —el cotxe deu estar a punt—
pensem què li haurà de dir, a Lady Elizabeth,
sobre Colby, quan tornin a l'aeroport.
Penso que li hauria d'advertir
amb qui es trobarà a la seva arribada.

EGGERSON

Com voldria que iniciés la qüestió?

Sir Claude
Evidentment, ella sap que vostè volia retirar-se,
perquè hem tingut converses sobre la seva substitució.
Però, sap? Ella el veu bé, del tot
com un de la família.

Eggerson
És un gran compliment.

Sir Claude
I ben merescut; però més aviat inconvenient
quan es tracta de buscar un successor.
Fa molt difícil de substituir-lo.
Ella creu que també hauria de prendre part en la tria;
i a més, està convençuda que, de tots plegats,
coneix més bé els caràcters que no pas jo.

Eggerson
Jo no diria això, Sir Claude!
Ella sent massa respecte pel do que té vostè per als negocis.
Però és cert que creu tenir el que en diu «orientació».

Sir Claude
Orientació. És pitjor que creure en el seu judici:
podríem discutir sobre això; no es pot discutir sobre l'orientació.
Però si semblés que està desconcertada, o molesta
perquè he pres la decisió durant la seva absència,
li ha de dir que vostè ha hagut de plegar per prescripció facultativa.
Sempre s'ha interessat pel seu estat de salut,
i així serà comprensiva. I pel que fa a Colby:
digui-li que el senyor Simpkins ha estat altament recomanat,
i digui-li que vaig haver de prendre una decisió ràpida
perquè ell tenia una altra oferta molt temptadora.
Alguna cosa així. No exageri massa.
I desitjo moltíssim que li caigui bé de seguida:
Si és així, segur que acabarà pensant
que el va triar ella mateixa. Per cert, no oblidi
de fer-li saber que el noi té talent musical.
Se'l podrà endur a concerts. Però no s'excedeixi!

Eggerson
 Ho recordaré. La música.

SIR CLAUDE

I, per cert,
què li ha explicat vostè exactament sobre ella?
Se'n recorda que li vaig demanar que el preparés una mica;
hi ha algunes coses que vostè pot dir millor que no pas jo,
i té maneres per tranquil·litzar-lo més bones que les meves.
Se sent més a gust amb vostè que amb mi.

EGGERSON

No ho hauria de dir, això!
Prou que he fet el que he pogut per guanyar-me'n la confiança.
Li he parlat de l'interès de la senyora per la Llum d'Orient.

SIR CLAUDE

I de l'Apocalipsi? I de la Saviesa de l'Atlant?

EGGERSON

Bé, si li sóc sincer, Sir Claude, només he tocat aquests temes
de passada.
Són massa profunds per a mi. I vaig pensar, el senyor
Simpkins
és molt instruït. Aviat els començarà a conèixer a fons.
No, no li he parlat gaire de Lady Elizabeth.
Però hi ha una cosa que m'agradaria saber
—si no li importa— abans que la vagi a recollir.
Quan es proposa de... donar l'explicació sobre el senyor
Simpkins?
I regularitzar la seva situació dins la família?
Vostè em va dir que aquesta era la seva intenció definitiva.

SIR CLAUDE

El moment de revelar la seva identitat
dependrà de com Elizabeth l'apreciï. Aquesta tarda
només s'assabentarà que vostè finalment s'ha retirat
i que té un successor jove,
un tal senyor Colby Simpkins.

EGGERSON

Simplement senyor Simpkins.

SIR CLAUDE

Les raons d'haver-lo iniciat durant la seva absència
són perfectament clares. Però més enllà d'aquest punt,
a vostè, encara no li he explicat els meus plans.
El perquè de no haver-li parlat mai d'ell, a la senyora,

la raó perquè el conegui simplement com a senyor Simpkins,
és que té un fort instint maternal...

EGGERSON

Me'n faig càrrec.

SIR CLAUDE

Que sempre s'ha vist frustrat.

EGGERSON

Segur que ha estat molt dur per a vostès dos
no haver tingut fills.

SIR CLAUDE

No pas pitjor, Eggerson,
que per a vostè i la seva dona, que van tenir un fill
perdut en combat, i en tomba desconeguda.

EGGERSON

I vostè pensa sens dubte que a Lady Elizabeth
li recordarà el fill que ella va perdre.

SIR CLAUDE

D'una manera molt diferent, sí. Podria dir extraviat,
ja que el pare és mort, i és impossible seguir-li el rastre.
Sí, pensava en el seu fill desaparegut:
en aquestes circumstàncies, això la podria posar gelosa.
Ho he explicat tot a Colby —al senyor Simpkins.

EGGERSON

Ja veig què vol dir.

SIR CLAUDE

Primer cal aconseguir que el noi li agradi:
i després, Eggerson, no deixo de tenir l'esperança
que, sota la impressió que és un orfe,
voldrà que l'adoptem.

EGGERSON

Adoptar-lo! Sí, naturalment,
aquesta seria la solució. Sí, ideal, del tot.

SIR CLAUDE

 M'alegro que hi estigui d'acord. El seu suport ens serà útil.

EGGERSON
És cert que em farà molt feliç elogiar-lo.

SIR CLAUDE
No exageri! Però la seva aprovació és important.
Sap que té molt bon concepte de la seva opinió.

EGGERSON
Bé, crec que potser una vegada, o dues...
Però em sembla que sobreestima la meva influència.
Mai no he aconseguit que li agradés la senyoreta Angel;
fa l'orni cada vegada que li'n parlo.

SIR CLAUDE
Però ella coneixia ja Lucasta —la senyoreta Angel.
Això era un inconvenient. I n'hi ha d'altres.
Per exemple, que totes dues són dones.

EGGERSON
És cert.

SIR CLAUDE
Però no crec que noti la presència de la senyoreta Angel.
Ni tan sols la veu. I la senyoreta Angel
es casarà aviat, espero.

EGGERSON
Tinc la mateixa esperança. Un arranjament molt indicat.
Però digui'm: si arriba el moment
que Lady Elizabeth vulgui adoptar-lo
—una solució admirable— aleshores què passarà?
Li farà saber, llavors, que el senyor Simpkins
és en realitat fill de vostè?

SIR CLAUDE
Aquí és on em quedo a les fosques.
Simplement no sé endevinar com reaccionaria.
Hi ha moltes coses que no entenc, de la meva dona.
Sempre hi ha alguna cosa que ignorem
dels altres, per molt bé que els arribem a conèixer;
i pot tractar-se d'una cosa de la major importància.
És quan més segurs estem d'entendre una persona
que ens exposem a equivocar-nos més sobre ella.
El cas és que hi ha moltes coses que no sé

de vostè, Eggerson, tot i que hem treballat junts
durant gairebé trenta anys.

EGGERSON

Gairebé trenta-un.
Però ara ho ha expressat d'una manera tan convincent,
que he d'admetre que hi ha moltes coses que no entenc
de la meva dona.

SIR CLAUDE

I segur que són tantes
com les que ella no sap de vostè. I tantes
com les que vostè no sap de mi —no n'estic gaire segur, d'això!
La meva regla és recordar que no entenc ningú,
però per altra banda, no estar mai segur
que ells no m'entenen a mi —m'entenen més
del que jo voldria creure, potser.

EGGERSON

I dedueixo
que tampoc no està segur d'entendre el senyor Simpkins, oi?

SIR CLAUDE

Una observació oportuna. Potser l'hauria de repetir.
Però ja hauria d'haver tornat. I llavors els deixaré.
He de telefonar a Amsterdam, i probablement a París.
Però quan vostè torni amb Lady Elizabeth
estaré esperant a punt per presentar-l'hi.
(Entra Colby Simpkins amb una maleta.)

SIR CLAUDE

Ah, Colby, estava dient a Eggerson
que ja havies de ser aquí. Has tingut un matí profitós?

COLBY

He aconseguit el que vostè volia, Sir Claude. Bona tarda,
senyor Eggerson. Tenia por de no trobar-lo.

EGGERSON

Me'n vaig d'aquí a mitja hora, senyor Simpkins.

SIR CLAUDE

Ara els deixo, però quan Eggerson torni
amb Lady Elizabeth, em reuniré amb vostès.
(Sir Claude surt.)

COLBY

Estic content que encara no se n'hagi d'anar.
Em neguiteja una mica aquesta trobada.
M'ha explicat molt poques coses sobre Lady Elizabeth,
i el mateix Sir Claude no me n'ha dit gaires:
o sigui que no sé pas com m'hi he de comportar.
B. Kaghan me n'ha dit alguna cosa,
però és més aviat alarmant.

EGGERSON

El senyor Kaghan té massa prejudicis.
Mai no s'ha avingut gaire amb Lady Elizabeth.
No l'escolti. Ell comprèn Sir Claude,
i sempre ha estat molt agraït a Sir Claude,
com ha de ser. Sir Claude el va escollir
i el va iniciar en la feina. I ell n'ha tret el màxim partit;
això és del tot cert. Un exemple encoratjador
per a vostè, senyor Simpkins. Acabarà essent algú important a la City!
I té un cor d'or. Però no fugim d'estudi
és més aviat un diamant en brut. Amb maneres molt despreocupades;
i Lady Elizabeth no li ha tingut mai simpatia.
Però amb vostè, senyor Simpkins, la cosa és ben diferent.

COLBY

No sé per què hauria de ser tan diferent.
A mi m'agrada B. Kaghan. El trobo molt servicial
i és un company molt divertit fora de la feina.

EGGERSON

Sí, el senyor Kaghan és un company molt divertit.
Em fa riure de vegades. Jo no ric fàcilment.
És tot un humorista. De fet, la senyora Eggerson
de vegades em diu: «Eggerson, per què no em saps fer riure
com ho ha fet el senyor Kaghan?» Només van coincidir una vegada;
però, sap?, ell va començar a adreçar-se-li com a Muriel:
als primers deu minuts! Jo estava escandalitzat.
Però a ella fins i tot li agradava: Muriel és el seu nom.
Té un encant personal amb les senyores, sap?
Però amb Lady Elizabeth no ha tingut tant d'èxit.
Ella va referir-s'hi una vegada com a «poc distingit»;
però amb vostè, com he dit, la cosa serà diferent.

Veurà de seguida que és un home de cultura;
i a més a més, com vostè, té molt de talent musical.

COLBY

Gràcies per l'advertència!

EGGERSON

Per tant, si no li fa res, li comunicaré de seguida
que és músic.

COLBY

Ho tindré en compte.

EGGERSON

La seva música serà certament un gran avantatge
amb Lady Elizabeth. L'envejo.
He cantat sempre a l'orfeó de voluntaris
i a la missa de Nadal. Però m'agradaria tenir talent musical.

COLBY

Encara no em sento prou preparat per trobar-me amb ella.
(Un fort truc. Entra B. Kaghan.)

KAGHAN

Ara entra B. Kaghan. Hola Colby!
I hola Eggers! Em plau de trobar-los aquí.
És una sort per a Colby.

EGGERSON

I això per què, senyor Kaghan?

KAGHAN

Perquè Lucasta és amb mi! La catàstrofe habitual.
Ha vingut a pidolar diners de la guardiola.
Torna a estar a la ruïna! Així, he pensat que millor si la duia jo
i la feia pujar, per parar el cop a Colby.
Però com que vostè és aquí, Eggers, em puc relaxar.
Em divertirà veure el joc des de fora.
(Entra Lucasta Angel.)

LUCASTA

Eggy, he perdut la feina!

EGGERSON

Una altra vegada, senyoreta Angel?

LUCASTA

Sí, una altra vegada! I els està bé!

EGGERSON

Deu haver estat, suposo, repetidament impuntual.

LUCASTA

S'equivoca, Eggy. És una injustícia.
M'havia passat dos mesos arxivant aquells papers
que mai no volia ningú —almenys, fins ahir.
Llavors, només per mala sort, el cap va voler una carta
que no vaig poder trobar. I això el va fer malfiar
i va demanar-me coses que segur que no volia;
només per buscar raons! I no en vaig poder trobar cap ni una.
Però estaven totes arxivades en algun lloc, n'estic segura, per qué molestar-se?
Però qui és aquest, Eggy? És Colby Simpkins?
Que un dels dos me'l presenti.

EGGERSON

Senyor Simpkins, la senyoreta Angel. Com sap, senyoreta Angel,
el senyor Simpkins s'ocuparà de les meves tasques.

LUCASTA

I ja ho sap, ell, que jo sóc una de les seves tasques?
L'ha preparat perquè s'ocupi de mi?
Ho sabies això, Colby? Sóc Lucasta.
Només Eggers em diu senyoreta Angel,
tan sols per empipar-me. No creus que
Lucasta em queda millor?

COLBY

Trobo que tots dos li escauen.

LUCASTA

Mocada de nou! Suposo que m'ho he buscat.
Això em passa per haver de patir un nom com Angel.
Estic pensant de canviar-me'l. Però, Colby,
ho saps que sóc una de les teves responsabilitats?

COLBY

No, em temo que no ho sabia.

EGGERSON

No ha de cedir gens ni mica, senyor Simpkins.
Jo no ho faig mai. Sempre dic
que si dónes un dit a la senyoreta Angel,
t'agafa tot el braç.

LUCASTA

Què més voldrien!
Continua, Eggy. No li facis cas, Colby.
Colby, estàs casat?

COLBY

No, no estic casat.

LUCASTA

Doncs, així, no m'importa ser vista amb tu en públic.
Em podràs convidar a sopar. Una noia que treballa com jo
està sovint afamada —passo amb poca cosa—
cuinant una salsitxa en un fogonet...

EGGERSON

No cregui ni una paraula del que diu.

LUCASTA

El senyor Simpkins creurà tot el que dic,
senyor Eggerson. I sé que serà amable amb mi
quan vostè sigui fora. Per què no el deixa parlar?
Eggy en realitat és molt humà, Colby.
Només que està terroritzat per la senyora Eggerson;
per això mai no m'ha convidat a sopar.

EGGERSON

Deixem la senyora Eggerson en pau, senyoreta Angel.

LUCASTA

Això és el que sempre diu, Colby,
quan parlo de la senyora Eggerson. No se'n descuida mai.
B.! Què li has dit, a Colby, de mi?

KAGHAN

No serveix de res parlar de tu amb ningú:
ningú no creuria mai en la teva existència
fins que no et conegués. Colby encara està trasbalsat.
 Serà responsabilitat meva,

com a promès teu, protegir Colby de tu.
Però primer, enfrontem-nos a la crisi financera.

LUCASTA

Sí, Eggy, donarà les tristes notícies a Claude?
Mentrestant, haurà d'assaltar la caixa per mi. Estic morta de gana.

KAGHAN

Li acabo de pagar el dinar. El problema de Lucasta
és com mantenir-la tipa entre àpats.

LUCASTA

B., ets un bèstia. Jo tinc molt poca gana.
Però l'important és que no tinc un cèntim.

KAGHAN

Li han pagat una setmanada per despatxar-la.

LUCASTA

B., recorda que ets només el meu promès a prova.
Em pot donar alguns diners, Eggy?

EGGERSON

Ja no sóc l'encarregat,
i aquesta tasca no pertoca al senyor Simpkins:
Sir Claude vol ocupar-se d'aquests assumptes ell mateix.
Ho haurà de demanar a Sir Claude. Però ja li'n parlaré
quan jo torni de Northolt.

LUCASTA

Anirà a recollir Lizzie?

EGGERSON

Aniré a recollir Lady Elizabeth a Northolt.

LUCASTA

Bé, no penso pas estar en escena quan ella vingui.

KAGHAN

I jo no penso pas deixar-te amb Colby.
Ja n'ha tingut prou per un dia. Segueix el meu consell, Colby.
No permetis mai a Lucasta ni el més lleu avantatge
o l'explotarà. Has de fer-t'hi fort;
ella és inflexible. Ara te la trauré del davant.

T'ensenyaré com fer-ho. Vinga, Lucasta,
et dedicaré tot el dia, i et duré a prendre el te.

LUCASTA

Em deleixo pel meu te. La tensió d'aquesta crisi
ha estat massa per a mi. Fins a una altra, Colby.
Et telefonaré, i permetré que m'acompanyis a sopar.
(Surt Lucasta.)

KAGHAN

Pren-t'ho amb calma, Colby. T'hi acostumaràs.
(Surt Kaghan.)

COLBY

Egg... Senyor Eggerson!

EGGERSON

Sí, senyor Simpkins?

COLBY

Vostè em sembla assenyat. I penso que jo també ho sóc.

EGGERSON

No en tinc cap dubte, cap ni un.

COLBY

I B. Kaghan sempre m'ha semblat assenyat.

EGGERSON

Jo diria que és la mateixa imatge de la sensatesa.

COLBY

Però mai no m'havia advertit sobre la senyoreta Angel.
Què me'n diu d'ella?

EGGERSON

Sí, la senyoreta Angel.
És una mica frívola. Però té un bon cor.

COLBY

Però s'adreça a Sir Claude Mulhammer
com a Claude? A la cara?

EGGERSON

En efecte, ho fa.

COLBY

I anomena Lady Elizabeth, *Lizzie?*

EGGERSON

Bé, no en presència d'ella. Si més no quan jo hi era.
No, no penso pas que ho faci. Però sí que li diu *Lizzie,*
de vegades, davant de Sir Claude. I sap què:
em sembla que a ell li fa gràcia.

COLBY

Bé, potser a mi em farà gràcia.
Però m'ha fet rodar el cap —tots aquests noms de pila
la primera vegada que l'he vista. No hi estic acostumat.

EGGERSON

Aviat s'hi acostumarà. També em dirà Eggers
abans que se n'adoni!

COLBY

No m'hauria de sorprendre.
Gairebé ho faig, fa una estona.
Llavors n'hauria estat segur, d'haver perdut la raó:
la seva influència és esfereïdora.
Però parli'm de Lu... de la senyoreta Angel:
quina connexió té amb la família?

EGGERSON

Bé. Una mena de relació fiduciària.
No, no crec que aquest sigui el terme correcte.
No té diners propis, com ja deu haver deduït;
però crec que el seu pare era amic de Sir Claude,
i ell mateix se'n va fer responsable.
En qualsevol cas, s'ha comportat com un pare;
un home molt generós, Sir Claude.
Per dir la veritat, la noia és com una espina clavada,
sempre perd les feines perquè no vol continuar treballant.
Ell li dóna un sou —molt adequat naturalment,
i tot i així està sempre amb deutes. Però no s'hi capfiqui
senyor Simpkins. Es casarà amb el senyor Kaghan,
al final. És un home que es marca el seu propi camí,
i penso que la pot manejar. Si és que algú pot fer-ho.

COLBY

Però pot arribar a ser una càrrega?

EGGERSON

No si no és que se li dóna peu.
Jo mai no li he donat peu a res.

COLBY

Però vostè té la senyora Eggerson.

EGGERSON

Sí, és una gran protecció. I tinc també el jardí
perquè em protegeixi de la senyora Eggerson. Aquesta és la gràcia.

COLBY

Bé, no havia conegut mai ningú com la senyoreta Angel.

EGGERSON

S'hi acostumarà, senyor Simpkins.
El temps fa miracles, això és el que dic sempre.
Però espero que vostè no l'hagi de veure gaire:
aquesta responsabilitat no recau sobre les seves espatlles.
Lady Elizabeth, en canvi, ja és una altra cosa.

COLBY

Almenys, no penso que Lady Elizabeth
pugui ser tan original com la senyoreta Angel.

EGGERSON

Ui, sí, senyor Simpkins, molt més original.

COLBY

Oh!

EGGERSON

Bé, com li he dit, és realment una senyora,
més aviat una *grande dame*, com diuen els francesos.
Això és el que Sir Claude admira d'ella.
Una vegada em va dir, en un moment de confidències
—tornant d'una recepció pública—
«Eggerson», va dir, «volia una senyora,
i estic del tot satisfet amb el tracte».
Evidentment, és cert que les connexions familiars de la senyora
han estat útils de vegades. Però ell no pensava en això:
no és detallista —tot i que res no li passa per alt.

I té un cor tan generós! És més aviat socialista.
Jo sóc un ferm conservador.

COLBY

Però Lady Elizabeth és molt original
en algun altre aspecte, a més de ser una gran dama?

EGGERSON

Doncs, sí, en efecte, haig d'admetre que ho és.
La majoria de les seves extravagàncies són del tot inofensives.
De seguida s'hi acostumarà. Això és el que deia Sir Claude:
«Acontenti-la, Eggerson», em deia, «acontenti-la.»
Ara, hi ha un aspecte que he tocat de passada, em sembla:
és molt despistada.

COLBY

Espero que no vulgui dir
que té lapsus de memòria?

EGGERSON

No he volgut dir això.
No. No té gaire memòria per perdre,
encara que de vegades recorda quan un menys s'ho espera.
Però sí que oblida coses. I li agrada viatjar,
sobretot per la seva salut. I quan és a l'estranger
té el costum de comprar una casa. I més tard se'n va
i ho oblida tot. Això pot complicar-se
i fer-se força car. M'he trobat amb aventures ben poc corrents!
Recordo que fa temps, vaig dir a la senyora Eggerson,
quan havíem comprat la nostra casa a Joshua Park
(amb hipoteca, és clar) «ara ens hem establert
i l'únic viatge que vull fer és cap a la City
i de tornada a Joshua Park al vespre,
i un cop a l'any les nostres vacances a Dawlish».
I pensar que era el començament dels meus viatges!
Ha estat un privilegi ben singular
veure tants llocs d'Europa com jo he vist,
traient Lady Elizabeth de les seves dificultats.

COLBY

Potser ni tan sols arribarà en aquest avió.

EGGERSON

Sí que podria passar. De vegades es perd,
o perd el bitllet, o fins i tot el passaport.

Però no hem de cridar el mal temps,
mentre sigui clar. Això és el que sempre dic.
I estic segur que li agradarà. És *tan* senyora!
I el més important, té bon cor.

COLBY

Tothom sembla tenir bon cor.
Però hi ha una cosa que sí que crec, senyor Eggerson:
que vostè té un cor bondadós. I estic convençut
que troba sempre la manera de pensar en el més bo de cadascú.

EGGERSON

Acabarà per veure que tinc raó, li ho asseguro.
(Entra Sir Claude.)

SIR CLAUDE

Hola! Encara són aquí? Ja hauria de ser fora.

EGGERSON

Ara m'en vaig. Hi ha molt de temps.
(Es mira el rellotge.)
Arribaré a l'aeroport amb minuts de sobres,
i a més a més, hi ha la duana. Per experiència sé
que això li portarà temps.

LADY ELIZABETH MULHAMMER *(Des de fora.)**

Obri només la maleta, vull treure'n una cosa.
Desemboliqui això —És un flascó de medecina.
Ara, vigilant, donarà això al taxista?
M'ha dit que pateix de refredat crònic.

SIR CLAUDE

Ei! Què és això!
(Obre la porta que dóna al replà i escolta.)
És aquí, Eggerson! És la seva veu.
On és? Ha tornat a sortir.
(Va cap a la finestra i mira avall al carrer.)
Està conversant amb el taxista.
De què deuen parlar? Ja entra a casa!

LADY ELIZABETH MULHAMMER *(Des de fora.)**

No, Gertrude, no he dinat,

*No es pretén que el públic del teatre senti clarament les paraules que Lady Elizabeth diu fora de l'escenari.

i ara tampoc no vull res. Porti'm tan sols una mica de te.
Sense acompanyament. No, me n'oblidava:
encara no ha après a fer el te com cal.
Una tassa de cafè. És a casa, Sir Claude?
Primer parlaré amb ell.

SIR CLAUDE

Valga'm Déu, Eggerson, què deu haver passat?

EGGERSON

És del tot sorprenent. Permeti'm que baixi a rebre-la.

SIR CLAUDE

On hauríem de ser? Què hauries d'estar fent?

EGGERSON

(A la porta oberta.)
Està parlant amb la cambrera. Ja puja.

SIR CLAUDE

Colby, seu a l'escriptori, i agafa uns quants fulls.
Ha de semblar que estàvem tractant de negocis.
(Entra Lady Elizabeth Mulhammer.)

EGGERSON I SIR CLAUDE

(Simultàniament.)
Lady Elizabeth!
Elizabeth!

SIR CLAUDE

Què caram ha passat?

EGGERSON

Lady Elizabeth! És del tot sorprenent.

LADY ELIZABETH

Què és sorprenent, Eggerson? He arribat, això és tot.

EGGERSON

Ara me n'anava cap a Northolt a recollir-la.

LADY ELIZABETH

Molt considerat per part seva, Eggerson,
però força innecessari. I, a més,
no he vingut en avió. He arribat a Victòria.

SIR CLAUDE

Vols dir que vas canviar el bitllet?

EGGERSON

Sí, com va aconseguir canviar el bitllet?

LADY ELIZABETH

Vaig anar a l'agència i vaig fer que me'l canviessin.
No entenc perquè us sorprèn tant a tots dos.
Sabeu que sóc una viatgera molt experta.

SIR CLAUDE

Sí, és clar que ho sabem, Elizabeth.
Però com és que vas canviar els plans?

LADY ELIZABETH

A causa de Mildred Derevell.
Ha seguit el tractament amb mi,
i no pot anar en avió —diu que es mareja;
així que vam agafar el tren nocturn i hem travessat el Canal.
Però qui és aquest jove? La seva cara m'és familiar.

SIR CLAUDE

Aquest jove és el successor d'Eggerson.
Ja saps que Eggerson tenia intenció de retirar-se...

EGGERSON

Per prescripció facultativa, Lady Elizabeth:
el metge va dir que era imprescindible...

SIR CLAUDE

El senyor Simpkins venia amb molt bones recomanacions...

EGGERSON

I a la vegada, tenia una altra oferta temptadora:
i, doncs, vam haver de prendre una decisió ràpida.

SIR CLAUDE

No et volia molestar durant el tractament...

EGGERSON

I el senyor Simpkins està molt més altament qualificat
que jo per ser un secretari de confiança.
A més a més, té molt de talent musical.

LADY ELIZABETH

Talent musical?
No és aquest el jove que vaig entrevistar
i recomanar a Sir Claude? És clar que sí.
Recordo haver dit: «Té una bona aura.»
Recordo les aures de la gent gairebé millor que les cares.
Com has dit que es deia?

SIR CLAUDE

Colby Simpkins.

LADY ELIZABETH

(Comptant amb els dits.)
Tretze lletres. És un bon auguri;
al contrari del que pensa la majoria de gent.
Hauria de ser artista. Però vostè sembla més aviat fràgil.
Li hauré de donar lliçons sobre l'art de la salut.
On és casa seva, senyor Colby?

COLBY

Simpkins.

EGGERSON

Senyor Colby Simpkins.

LADY ELIZABETH

Prefereixo Colby.
On viu actualment?

SIR CLAUDE

Té la casa als afores de Londres.
Però m'agradaria tenir-lo més a mà
—ja saps la molèstia que ha estat per a Eggerson—
per això faig repintar el pis de la cavallerissa.

LADY ELIZABETH

Però tot amb els colors equivocats, n'estic segura. El meu marit
no comprèn la importància del color
per a la nostra vida espiritual, senyor Colby.
Ni, i em sap greu dir-ho, Eggerson.
Quin color heu triat, entre vosaltres?

SIR CLAUDE

Jo havia pensat que un groc pàl·lid seria alegre.

LADY ELIZABETH

El que m'esperava. Un groc pàl·lid
quedaria absolutament funest per al senyor Colby.
Ell necessita un malva clar. Ja me n'encarregaré.
Però no avui. Ara me n'he d'anar a descansar.
En un cotxe-llit és força impossible
tenir una hora de descans. Una hora de descans al dia
és el més essencial, ho diu el doctor Rebmann.

SIR CLAUDE

Rebmann? Em pensava que era un tal doctor Leroux.

LADY ELIZABETH

El doctor Leroux és a Lausana.
Jo m'he estat a Zuric, amb el doctor Rebmann.

SIR CLAUDE

Però anaves a veure el doctor Leroux
a Lausana. Què et va fer anar a parar a Zuric?

LADY ELIZABETH

Perquè, tot just acabava d'arribar a Lausana,
que em vaig trobar Mildred Deverell.
Se n'anava a Zuric. Així que em va dir: «Vine a Zuric!
Hi ha un doctor meravellós que t'ensenya el control de la ment.»
O sigui que vaig anar fins a Zuric.

SIR CLAUDE

O sigui que vas anar fins a Zuric.
Però pensava que el metge de Lausana ensenyava el control de la ment?

LADY ELIZABETH

No, Claude, només ensenyava el control del pensament.
El control de la ment és una altra qüestió:
és més avançat. Però ja t'ho vaig escriure, tot això.

SIR CLAUDE

És cert, sí que em vas enviar postals des de Zuric;
però ja saps que no sé desxifrar la teva escriptura.
M'agrada tenir les postals, només per saber on ets
llegint els matasegells.

LADY ELIZABETH

Claude, em complau de veure
que has seguit els meus consells.

Sir Claude
Els teus consells? Sobre què?

Lady Elizabeth
De contractar el senyor Colby. Estic realment capficada!
Aquesta no és la primera vegada que m'he adonat
que et fallava la memòria. T'hauré de convèncer
de fer un tractament amb el doctor Rebmann.
No, en el teu estat, penso que amb el doctor Leroux.
No recordes que abans d'anar-me'n vaig dir:
«Confia en la meva orientació per una vegada, contracta aquest jove?»
Bé, era el senyor Colby.

Sir Claude
Ah, ja ho veig.
Sí, ara començo a recordar-me'n.
Dec haver actuat sota la teva orientació.

Lady Elizabeth
Li haig d'explicar, senyor Colby,
que el compartiré amb el meu marit.
Demà prendrà el te amb mi,
i li parlaré dels meus comitès.
Ara me n'he d'anar a descansar.

Sir Claude
Sí, vés-te'n i descansa.
Estava a la meitat d'un assumpte amb el senyor...

Lady Elizabeth
Colby!

(Surt Lady Elizabeth.)

Sir Claude
Fins i tot es va anar a canviar el bitllet.
És inaudit.

Eggerson
Sorprenent, oi?

Sir Claude
Si això és el que el doctor de Zuric ha fet per ella,
li poso una bona nota. Bé, Eggerson,
sembla que l'he fet pujar a Londres per a res.

EGGERSON

No pas per a res! No m'ho hauria perdut, això.
I a més a més, com li he dit, he fet algunes compres.
Però millor que me'n vagi ara. Senyor Simpkins—
si se li presenta algun imprevist
i no se'n surt, no dubti a trucar-me i a parlar amb mi.
Si no sóc a casa, seré fora al jardí.
I m'escaparé cap a ciutat qualsevol dia, si em necessita.
De fet, la senyora Eggerson m'ha dit: «M'agradaria que ens truqués!
Estic segura de que té una veu molt educada.»

COLBY

Moltes gràcies, ho faré. És tranquil·litzador
de saber que el tinc sempre darrere meu
si em fico en problemes. Però espero
que no l'hagi de fer venir gaire sovint.

EGGERSON

Ah, me n'oblidava... La senyora Eggerson no para de dir:
«Per què no el convides a dinar un diumenge?»
Però jo dic: «No podem demanar-li que faci
tot el trajecte fins a Joshua Park, en aquesta època de l'any!»
Li he dit: «Pensem-hi a l'estiu
quan serà un gran plaer mirar el jardí.»
Bé, me n'aniré.

SIR CLAUDE

Adéu, i gràcies, Eggerson.

EGGERSON

Bon dia, Sir Claude. Bon dia, senyor Simpkins.
(Surt Eggerson.)

SIR CLAUDE

Bé, Colby! T'he estat anomenant senyor Simpkins
en públic, fins ara, per prudència.
Com vam convenir. Però d'aquí a dos mesos
—i com que la meva dona insisteix a dir-te senyor Colby—
et començaré a dir Colby davant de tothom.

COLBY

Estic segur que això ens ho farà més fàcil a tots dos.

Sir Claude
La seva arribada sobtada ha estat molt desconcertant:
com deus deduir, no havia passat mai una cosa així.
Per tant la reunió no ha anat ni de bon tros com jo pretenia;
i amb tot crec que més val així.
Ha anat molt bé. És ben clar
que t'ha agafat simpatia de seguida.

Colby
Deu creure de debò
que m'havia vist abans?

Sir Claude
És impossible de saber-ho.
L'important és que t'ha agafat afecte
i per això et reclama. És una satisfacció.
Ha donat per bo que hauries de tenir el pis
—demà estarà segura d'haver-ho proposat ella.
Per això estic força convençut que, ben aviat,
podrem posar els assumptes en bons fonaments.

Colby
He de confessar que, arribats en aquest punt,
no he estat capaç de sentir-me gaire integrat.
I el que vostè té en ment fa que em sembli
com si la meva vida s'edifiqués sobre un engany.
Creu de debò que Lady Elizabeth
em podrà acceptar mai com el seu propi fill?

Sir Claude
Com el seu propi fill? Si aconsegueix pensar en tu
com en l'home que ara seria el seu fill
—i crec que ho farà: encara que estic convençut
que el seu fill hauria estat una persona diferent—
llavors esdevindràs el seu fill, als seus ulls. Ella és així.
I doncs, no em sorprendria si arribava a creure
que ets realment el seu fill, en comptes del meu.
Sempre ha viscut en un món de somni,
i el millor que es pot fer és orientar-li les il·lusions
en la direcció correcta.

Colby
No em sembla gaire honest.
Si hem de viure tots en un món de somni,
és bo per a nosaltres? O un detall per a ella?

Sir Claude

Si no tens la força per imposar-te les pròpies circumstàncies
en la vida, has d'acceptar les circumstàncies que t'ofereixen.
Però digue'm primer —tinc una raó per preguntar-t'ho—
què et sembla la feina? No la trobes antipàtica, oi?
No canvio de tema: ara hi torno.
Saps que t'he deixat sol deliberadament,
i que fins ara només hem debatut un assumpte corrent,
pensant que potser trobaries més fàcil
començar per una relació més aviat formal
per adaptar-te a una situació nova.

Colby

Li estic molt agraït, per això:
és en efecte una situació nova i estranya,
i no hi ha encara res que sigui real per a mi.

Sir Claude

Però ara vull que sigui diferent. És estrany, Colby.
No m'havia adonat fins que has començat aquí amb mi,
que a penes ens coneixem l'un a l'altre.

Colby

Suposo que no hem tingut l'oportunitat.

Sir Claude

Quan eres un nen, pertanyies a la teva tia,
o així m'ho feia sentir. Mai no et vaig veure a soles.
I quan us vaig enviar tots dos al Canadà
durant la guerra —potser va ser un error,
tot i que semblava tenir uns avantatges tan obvis
que no ho vaig dubtar gens, aleshores— van ser cinc anys;
i després l'escola, i el servei militar,
i després et vas quedar absorbit en la teva música...

Colby

Ha començat preguntant-me com trobava aquesta feina.

Sir Claude

Sí, com la trobes?

Colby

En certa manera, estimulant.
Trobar que hi ha alguna cosa que jo pugui fer
tan allunyada dels meus interessos d'abans.

Això em dóna, en certa manera, una mena d'autoconfiança
que mai no havia tingut. Tot i que a la vegada
és força molest. No em refereixo a la feina:
em refereixo a mi mateix. Com si esdevingués
una persona diferent. Així com, suposo,
si aprens a parlar una llengua estrangera amb fluïdesa,
de manera que pots pensar-hi —sentint-te com si fossis
gairebé una persona diferent quan hi parles.
No crec pas que m'agradi l'altra persona
que em sento esdevenir —i amb tot em fascina.
I tanmateix, de tant en tant, quan menys m'ho espero,
quan la meva ment és clara i buida, caminant pel carrer
o despertant-me en la nit, la primera persona,
la persona que jo solia ser, torna a prendre possessió:
sempre, quan toco per a mi mateix,
i torno a ser l'organista frustrat,
i per ara allò que no puc fer,
l'art en què no podria mai excel·lir,
sembla l'únic que val la pena, l'única cosa
que vull fer. Haig de lluitar contra aquesta persona.

SIR CLAUDE

Entenc tot això que m'expliques
molt millor que no et penses. Estàs repetint
la meva pròpia experiència.

COLBY

La seva pròpia experiència?

SIR CLAUDE

Sí, jo no volia ser financer.

COLBY

Què volia ser?

SIR CLAUDE

Volia ser ceramista.

COLBY

Ceramista!

SIR CLAUDE

Ceramista. Quan era un nen
m'encantava modelar les coses. M'encantaven la forma i el color

i m'encantava el material que el ceramista maneja.
La majoria de gent pensa que un escultor o un pintor
tenen més mèrit que un ceramista.
La majoria de gent pensa en la pisa o en la porcellana
merament com a útils, o com a decoració;
en qualsevol cas, un art inferior.
Per a mi, no són ni «útils» ni «decoració»:
és a dir, decoració com un rerefons per viure;
per a mi, ells mateixos són vida. Estar entre aquestes coses,
si és una evasió, és evasió vers la vida,
evasió d'un món mesquí cap a un de pur.
Escultura i pintura —tinc algunes coses bones—
però no tenen aquest... aïllament que sempre he desitjat.
Vull un món on la forma sigui la realitat,
del qual el substancial sigui només l'ombra.
És estrany. Mai no havia parlat d'això amb ningú.
Mai fins ara. Et sents mínimament així
quan estàs sol amb la teva música?

COLBY

Exactament igual.
Tota l'estona que ha estat parlant, ho he traduït
en termes de música. Però puc preguntar,
amb aquesta passió per... la ceràmica, com ha estat
que mai no n'ha fet la seva professió?

SIR CLAUDE

Pressió familiar, en primer lloc.
El meu pare —el teu avi— va fundar aquest negoci
començant del no-res. Era la seva passió.
L'estimava amb la mateixa devoció
que jo sentia per l'argila, i pel que se'n pot fer
—pel que jo esperava poder-ne fer. Em pensava que el menyspreava,
de jove. I tot i així li tenia respecte.
M'equivocava amb totes dues coses. Vaig odiar aquesta ocupació
fins que m'hi vaig començar a sentir poderós.
La vida em va canviar, com ara et canvia a tu:
comença una mena de somni
i el somni la fa real.
Aquesta no és tota la història. El meu pare sabia que l'odiava:
això li dolia molt. Sabia, n'estic segur,
que mantenia des de feia temps una deshonra secreta:
 però després de la seva mort, i llavors ja era massa tard,

vaig saber que tenia raó. I tota la meva vida
he expiat aquesta falta. Per un pare mort,
que sempre havia tingut raó. Mai no el vaig comprendre.
Jo era massa jove. I quan vaig ser prou madur
per comprendre'l, ell ja no hi era.

COLBY

Encara no m'ha explicat per què va acabar pensant
que el seu pare tenia raó.

SIR CLAUDE

Perquè em vaig adonar
que mai no hauria aconseguit ser un ceramista de primera.
No ho duia a la sang. ¿És estrany, oi,
que un home hagi de tenir una passió que el consumeix
per fer una cosa per a la qual no està capacitat?
¿Es pot dir que algú tingui vocació
de ser un ceramista de segona? ¿Ser, en el millor dels casos,
un competent copiador, posseït pel desig
de crear, quan s'és del tot no creatiu?
No ho crec pas. Per això em vaig adonar
que sempre havia sabut, en els moments secrets,
que no ho duia a la sang. Hi ha ocasions
en què sóc transportat —una persona diferent,
transfigurada per la visió d'una creació meravellosa,
i em sento com es devia sentir l'home quan la va fer.
Però res del que he fet no m'ha donat mai una tal satisfacció
—aquest estat d'esgotament i de pau absoluts
que arriba a la mort per donar una mica de vida...
Faré que tinguis un bon piano. El millor.
I quan estiguis sol amb el piano, a la nit,
crec que travessaràs la porta privada
cap al món real, com de vegades faig jo.

COLBY

Certament, he sentit, mentre vostè parlava,
que expressava els meus propis sentiments,
encara que el mitjà sigui diferent. Sé
que mai no hauria esdevingut un gran organista,
com jo aspirava. No sóc un intèrpret;
sóc només una ombra dels grans compositors.
Sempre que toco per a mi
sento la música que m'agradaria haver escrit,
com el compositor la devia sentir quan la va copsar;
però quan tocava davant d'altra gent

estava sempre segur que el que ells sentien
no era el que sento quan toco per a mi.
El que jo sento és la música d'un gran músic,
el que ells senten és una interpretació mediocre.
Per això he deixat de tocar per a altra gent:
només sóc feliç quan toco per a mi.

SIR CLAUDE

Tocaràs per a tu. Quant a mi,
guardo les meves peces en una habitació privada.
No és que no vulgui que ningú les vegi!
Però quan estic sol, i miro una cosa prou estona,
de vegades tinc aquest sentit d'identificació
amb el creador de què he parlat —un èxtasi angoixant
que fa la vida suportable. És tot el que tinc.
Suposo que ocupa el lloc de la religió:
així com les investigacions de la meva dona
sobre el que en diu la vida de l'esperit
són una mena de substitut de la religió.
M'atreviria a dir que la gent veritablement religiosa
—no n'he conegut mai— poden trobar-hi certa harmonia.
Però hi ha també l'home genial.
N'hi ha d'altres, em sembla, que han de viure en el millor dels casos
en dos mons —cada un, una mena de somni.
Aquests som tu i jo. Algun dia, potser,
t'ensenyaré la meva col·lecció.

COLBY

Gràcies.

SIR CLAUDE

I potser, alguna vegada, deixaràs que et senti tocar.
No te'n tornaré a parlar. Esperaré fins que m'ho demanis.
¿Comprens ara què volia dir quan parlava
d'acceptar les circumstàncies que la vida t'imposa
fins al punt d'acceptar... el somni?

COLBY

Em sembla que sí. Almenys, a vostè, el comprenc millor
quan aprèn a comprendre les circumstàncies
que la vida li ha imposat. Però... hi ha alguna cosa en mi
que es rebel·la a acceptar unes tals circumstàncies.
Seria molt més senzill si no fos el meu pare!
 M'ha impressionat el que ha dit, fa una estona,

quan parlava de no haver entès mai el seu pare
fins que va ser massa tard. I ha parlat d'expiació.
Fins i tot el seu fracàs per entendre'l,
de què ha parlat —era una relació
de pare i fill. Deu passar sovint.
I la reconciliació, després de la mort,
que perfecciona la relació. Sempre ha estat el seu fill
i ell encara és el seu pare. Desitjaria només
tenir alguna cosa per expiar!
Falta alguna cosa entre vostè i jo,
que vostè tenia, i té, i sempre tindrà, amb el seu pare.
Començo a veure que sempre he pensat en vostè
com un protector, un proveïdor generós:
més com un amo que com un pare
—el pare que no vaig tenir en els anys de la infantesa.
Aquests anys han passat per sempre. Els anys buits.
Sento moltíssim d'haver dit això;
però explica el que acabo de dir
sobre rebel·lar-se contra les circumstàncies
que la vida t'ha imposat.

SIR CLAUDE

És només culpa meva.
He estat sempre tan preocupat per evitar els errors
que el meu pare havia comès amb mi. I ara em sembla
que n'he comès un de més gran que els seus.

COLBY

L'estic ferint, ho sé, i sé
que em detesto per estar-lo ferint.

SIR CLAUDE

No hi has de pensar, en això.

COLBY

Li estic molt agraït per tot el que ha fet per mi;
i vull fer el màxim per correspondre a la seva amabilitat
amb el meu treball.

SIR CLAUDE

Com a secretari de confiança meu.

COLBY

Estic realment interessat per la feina que faig
i impacient per tenir-ne més. No vull que la meva posició
sigui, de cap manera, una ficció.

SIR CLAUDE

No ho serà. Mentrestant, ens cal esperar per aprendre
les noves circumstàncies que ens imposarà la vida.
Precisament quan pensem que hem liquidat el compte
la vida te'n presenta un altre de nou, més difícil de pagar.
—Ara me'n vaig una estona amb les meves porcellanes.

COLBY

Disculpi, però li he de fer memòria:
té aquella reunió a la City
demà al matí. M'ha demanat que li preparés
alguns càlculs. Els tinc aquí.

SIR CLAUDE

Bona part depèn de la meva dona. Sigues pacient amb ella, Colby.
—Ah, sí, aquesta reunió. Hem de donar un cop d'ull als càlculs.

TELÓ

Acte II

El pis de la cavallerissa unes setmanes més tard. Colby *està assegut davant del piano;* Lucasta *en una butaca. Se senten els compassos finals d'una peça musical mentre s'alça el teló.*

Lucasta

Trobo que toques meravellosament bé, Colby
—no és que la meva opinió compti per a res:
ja ho saps. Però m'agradaria aprendre'n, de música.
Voldria que m'ensenyessis a estimar-la.

Colby

No crec que necessitis gaires ensenyaments;
no ara com ara, si més no. Tot el que et cal al principi
és sentir més música. I descobrir què t'agrada.
Quan saps què t'agrada, i ho comences a saber bé,
llavors vols saber sobre l'estructura
i les diverses formes, i les diferents maneres de tocar.

Lucasta

Però suposa que només m'agradin les coses dolentes?

Colby

No, estic segur que preferiràs les bones, quan les sentis.
T'he estat provant. Moltes de les peces
que acabo de tocar eren de segona,
i no t'han agradat. T'han agradat les bones.

Lucasta

Colby, no sabia que eres tan astut!

Així que les que m'han agradat eren les bones, eh?
De tota manera, sóc terriblement ignorant. Pots creure
que en ma vida mai no he anat a un concert?
Només vaig a espectacles quan algú em convida,
i mai ningú no m'ha dit d'anar a un concert.
He estat a l'òpera, és clar, diverses vegades,
però em temo que mai no he escoltat realment la música:
simplement em diverteix anar-hi —per veure la gent,
i per ser vista! I perquè et sents fora d'aquests ambients
si no vas a l'òpera ni una sola vegada durant la temporada.
Encara que sempre me n'he sentit fora. ¿I, te'n fas càrrec,
que mai ningú no havia tocat per a mi?

COLBY

I aquesta és la primera vegada que toco per a algú...

LUCASTA

No siguis comediant. Saps prou bé que em vas dir
que no et portarien el piano fins aquesta setmana
i te'l van afinar ahir. Tot i així, m'afalaga
ser la primera visita que tens al nou pis
i ser la primera a sentir-te tocar *aquest* piano.

COLBY

No volia dir això. Volia dir que no havia tocat
per a ningú, des que vaig arribar a la conclusió
que mai no seria un músic.

LUCASTA

T'ha representat un gran esforç, doncs, tocar per a mi?

COLBY

En realitat, em pensava que tocava més bé.
No tinc ànims per tocar davant d'altra gent,
i quan estic sol no puc oblidar
que només estic tocant per a mi.
Però amb tu, no ha estat ni solitud ni... gent.

LUCASTA

Em complau de no ser gent. Tornaràs a tocar per a mi
i m'ensenyaràs de música?

COLBY

Sí, i tant si ho faré.

Però estic segur que quan aprenguis de música

—i no et portarà gaire temps— i sentis bons intèrprets,
t'adonaràs molt aviat de com toco de malament.

LUCASTA

Caram, Colby, que n'hi poses d'entrebancs!
Però què me'n dius de dur-me a un concert?

COLBY

Precisament l'altre dia, et vaig convidar...

LUCASTA

...a anar a veure aquell musical americà!

COLBY

Bé, t'havia sentit dir quc hi volies anar.

LUCASTA

Però no pas amb tu!

COLBY

Ho vas deixar molt clar, això.
Però per què no amb mi?

LUCASTA

Perquè a tu no t'agraden
els musicals americans. Et penses que és un compliment
convidar a una dona a alguna cosa que li agradaria
quan ella sap que no t'agradaria a tu? Això no és un compliment:
és simplement ser paternalista. Però si em convides
a una cosa que t'agrada —sí que és un compliment.
Demostra que em vols educar.

COLBY

No sabia
que volies que t'eduquessin.

LUCASTA

Ni jo tampoc.
Però volia que tu volguessis educar-me;
I ara començo a creure que ho vull jo.

COLBY

Doncs t'invitaré a anar al pròxim concert...

LUCASTA

Al pròxim al qual *tu* vulguis anar.

COLBY

I potser deixaràs que et parli del programa
per endavant —o de les coses que vull sentir.
Et tocaré els temes, perquè els reconeguis.
Encara millor, et posaré els discos al gramòfon.

LUCASTA

Millor que els toquessis tu mateix, i que me'ls expliquessis.
Començarem de seguida la meva educació.

COLBY

Sospito que ets tu, que m'eduques a mi.

LUCASTA

Colby, certament estàs ple de sorpreses!
No m'havia topat mai amb un ignorant com tu
que sap molt més del que jo em podria imaginar.
Potser per això m'agrades.

COLBY

No és exactament per aquesta raó.

LUCASTA

Ah, així que creus que m'agrades?
No sabia que fossis tan vanitós.

COLBY

No, no és vanitat —la raó en què pensava.
És una cosa ben senzilla.

LUCASTA

Aleshores voldria que me la diguessis.
Perquè jo no la sé.

COLBY

La primera vegada que ens vam veure
vas intentar a totes passades donar una falsa impressió.
I et vas adonar que no havies tingut èxit.

LUCASTA

Ah, així que intentava donar una falsa impressió?
Quina mena d'impressió intentava donar?

COLBY

En realitat això no té cap importància. Però, per alguna raó,
vas pensar que tindria una falsa impressió, malgrat tot.
T'estimaves més ser algú de la teva pròpia creació
que no pas esperar a veure el que passaria.
Espero que no et sàpiga greu: sé que sona impertinent.

LUCASTA

Doncs hi ha una sola cosa que encara no has après,
i és saber quan fas un compliment.
Això ha estat un compliment. I un de molt intel·ligent.

COLBY

Admeto que al principi em vau desconcertar,
tu... i B.

LUCASTA

Caram, jo... i B.

COLBY

Només després,
quan ja t'havia vist unes quantes vegades,
vaig decidir que això teu era una mena d'autodefensa.

LUCASTA

Què t'ha fet pensar que era una autodefensa?

COLBY

Que no vas poder esperar a veure què passava.
Tenies por del que passaria si deixaves anar les coses al seu aire.
Saltes —perquè tens por que t'empenyin.
Crec que ets valenta —i crec que ets poruga.
Potser t'han mal ferit en alguna ocasió.
O almenys, hi ha hagut alguna cosa de la teva vida
que t'ha robat el sentit de la seguretat.

LUCASTA

Estic segura que tu el tens —el sentit de la seguretat.

COLBY

No, jo tampoc no el tinc.

LUCASTA

Au, vinga, no et crec.

Què he pensat fins ara? És estrany, oi?
que així que arribem a conèixer millor una persona
la trobem en part molt semblant a nosaltres mateixos,
de manera inesperada. I després comencem
a trobar diferències dintre la semblança.
Et pots sentir insegur, en alguns aspectes,
però la teva inseguretat no s'assembla gens a la meva.

COLBY

En quins aspectes és diferent?

LUCASTA

És difícil d'explicar.
Potser la teva música ho representa.
Hi ha una cosa que tinc clara. Quan de primer m'has dit
el desastre que va ser en la teva vida
descobrir que mai no series un bon músic;
és clar que jo no sé si tenies o no raó.
L'únic que puc dir és que potser et vas equivocar,
i que podries ser un músic molt bo:
però no és aquest el problema. Tu te'n vas convèncer;
i senties que la teva vida havia fracassat
i que et calia aprendre una cosa diferent.
I per això vas sol·licitar el lloc d'Eggerson,
i et vas decidir a entrar en el món dels negocis
i ser algú com Claude... o com B. Vaig sentir llàstima,
molta llàstima per tu. Admirava el teu coratge
per afrontar els fets —o els fets com tu els veies.
I tanmateix, en tot moment, trobava que t'envejava
i no sabia per què! I ara em sembla que ho sé.
És terrible per a un home haver de deixar córrer
una carrera tan fortament desitjada, n'estic segura:
però el que has perdut és només el món extern
encara tens el món intern —un món que és més real.
Per això ets diferent de la resta de nosaltres:
tens el teu jardí secret; on pots retirar-te
i tancar el reixat darrere teu.

COLBY

I tancar el reixat darrere meu?
Estàs segura de no tenir el teu propi jardí secret
en algun lloc, si el poguessis trobar?

LUCASTA

Si el pogués trobar!

No, el meu únic jardí és... una bruta plaça pública
en un barri miseriós de Londres —com aquella en què vaig viure
durant un temps amb la meva mare. No tinc cap jardí.
A penes si em sento una persona:
res més que una espurna de vida
flotant en la superfície del Canal del Regent.
Flotant, això mateix.

COLBY

Ets tota una persona.
Estic segur que en algun lloc hi ha un jardí per a tu
—per a algú que en vol un, tant com tu.

LUCASTA

El teu jardí és un jardí
on sents una música que ningú més no podria sentir,
i les flors tenen una aroma que ningú més no podria olorar.

COLBY

Potser tens raó, fins a un cert punt.
I tanmateix, ja ho saps, no és del tot real per a mi
—encara que ho és tant, de real, per a mi com... aquest món.
Però aquest és precisament el problema. Semblen tan inconnexos.
Giro la clau, i traspasso el reixat.
i sóc allà... sol, en el meu «jardí».
Sol, aquesta és la qüestió. Per això no és real.
Saps?, penso que el jardí d'Eggerson
és molt més real que el meu.

LUCASTA

El jardí d'Eggerson?
Què et fa pensar en Eggerson —més que en un altre?

COLBY

Doncs, que ell es retira al seu jardí —literalment,
i també en el mateix sentit que jo em retiro al meu.
Però no s'hi sent sol. I quan hi surt
té carbassons, remolatxes, o pèssols... per a la senyora Eggerson.

LUCASTA

Et burles de mi?

Colby

Parlo molt seriosament.
Vull dir que el meu jardí no és menys irreal per a mi
que el món que hi ha fora. Si tens dues vides
que no tenen absolutament res a veure entre elles
—doncs bé, són irreals totes dues. Però per Eggerson
el seu jardí és una part d'un món únic.

Lucasta

Però què vols, tu?

Colby

No ser-hi sol.
Si fos religiós, Déu caminaria pel meu jardí
i això faria real el món de fora
i acceptable, penso.

Lucasta

Sembles profundament religiós.
No hi ha altra manera de fer-te'l real?

Colby

És simplement el fet d'estar-hi sol
que el fa irreal.

Lucasta

No hi pot entrar ningú més?

Colby

No es tracta de repartir invitacions:
només caldria que s'hi deixessin caure. I jo no veuria com vénen.
No sentiria com obren el reixat.
Simplement, de sobte... hi serien,
inesperadament. Baixant a peu per un caminoi
m'adonaria de la presència d'algú que camina amb mi.
És l'única manera que se m'acut d'exposar-ho.

Lucasta

La por que ens fa... ser ferits!

Colby

No és de la ferida del que ens preocuparíem
sinó més endavant del sentit de la desolació.

Lucasta

Ja sé què vols dir. Després les flors es marcirien

i la música s'aturaria. I les parets s'esberlarien.
I et trobaries en un indret devastat
—un lloc bombardejat... un baladre... una bruta plaça
pública.
Però no em puc imaginar que això et passi a tu.
Em sembles tan segur, a mi. No sols en la teva música
n'és simplement l'expressió. A mi, no em sembla
que necessitis ningú.

COLBY
Això és del tot fals.

LUCASTA
Però tens una altra cosa que jo no tinc:
una cosa de la qual la música n'és un... símbol.
De veritat m'agradaria entendre la música,
no per ser capaç de parlar-ne,
sinó... en part, per gaudir-ne... i pel que representa.
Saps, estic una mica gelosa de la teva música!
Quan la veig com un mitjà de contacte amb un món
més real que cap altre en què jo hagi mai viscut.
I m'agradaria entendre't, a tu.

COLBY
Crec que ja ho fas,
millor que... molts altres. I jo et vull entendre, a tu.
És que algú ha arribat mai a conèixer algú altre?

LUCASTA
Trobo que ets molt descoratjador:
Ho fas deliberadament?

COLBY
No ho pretenia pas.
Volia dir que no s'acaba mai d'entendre una persona.
Tot el que es pot fer és entendre-la millor,
per aproximar-s'hi; de manera que quan l'altre canvia
es pugui entendre el canvi tan aviat com es produeix,
per molt imprevisible que sigui.

LUCASTA
Em sembla que estic canviant,
he canviat força en les darreres dues hores.

COLBY
Em sembla que jo també estic canviant. Però potser el que en
diem canvi...

LUCASTA

és comprendre millor el que realment som.
I la raó perquè això ocorri, potser...

COLBY

és començar a comprendre una altra persona.

LUCASTA

Oh, Colby, ara que comencem a comprendre,
m'agradaria que sabessis una mica més sobre mi.
Deus estar encuriosit.

COLBY

Dec estar encuriosit?
No, no estic encuriosit per res. Això és un món estrany
per a mi, saps, en què em trobo a mi mateix.
Però si vols dir encuriosit sobre el teu... passat:
No. Tenia curiositat de saber què ets,
però no qui ets, en el sentit corrent.
És això el que vols dir? Simplement t'he acceptat.

LUCASTA

Caram, és tan meravellós, ser acceptada!
Mai ningú no m'havia «simplement acceptat», abans.
Evidentment els fets no importen, fins a un cert punt.
Però arribats aquí —ja els hauries de conèixer.

COLBY

Amb molt de gust t'ho diria tot de mi;
però ja saps més del que hi ha per dir
tant pel que jo t'he explicat
com pel que he dit a B.; o a sir Claude.

LUCASTA

Claude no m'ha dit res de tu;
no em diu gaires coses. I pel que fa a B.
—preferiria sentir-ho de tu mateix.

COLBY

Només hi ha una cosa que no et puc dir.
Almenys, no encara. No m'és permès de dir-ho.
I és sobre els meus pares.

LUCASTA

Ah, ja ho veig.

Bé, no crec pas que això importi.
Jo en canvi t'ho puc dir tot dels meus pares:
i és el que faré.

COLBY

I creus que això sí que importa?

LUCASTA

En certa manera, importa. Fa una estona
has dit, amb molt d'encert, que en la nostra primera trobada
vas veure que intentava donar una falsa impressió.
Ara et vull dir, per què intentava fer-ho.
Abans sempre m'havia sortit bé amb tothom:
em vaig acostumar a donar aquesta impressió.
Aquí és on B. m'ha estat de gran ajut:
ell afavoreix aquesta impressió. Sc la mig creu.
Però ho sap tot, de mi, i sap
que el que alguns homes han pensat de mi no era cert.

COLBY

Què no era cert?

LUCASTA

Que era l'amant de Claude
—o que havia estat la seva amant i que em va encolomar a B.

COLBY

Mai no em pensaria una cosa així!

LUCASTA

Mai no et pensaries una cosa així!
No hi ha gaires homes que no ho haguessin pensat.
No sé què en diria B. És molt generós.
No crec que la idea l'hagués molestat. Però també és molt llest;
i va endevinar la veritat des del primer moment.

COLBY

Però què hi ha per saber?

LUCASTA

Te'n riuràs quan t'ho digui:
sóc senzillament la filla de Claude.

COLBY

La seva filla!

LUCASTA

La seva filla. És una història sòrdida.
Jo odiava la meva mare. Mai no vaig saber veure
què era el que Claude li havia trobat. Ai, aquella infantesa
—sempre vivíem en allotjaments tronats
fins que els veïns es queixaven i ens feien fora.
És clar que Claude li donava diners, una manutenció regular;
però era igual la quantitat que li donés:
sempre se'ls gastava abans d'acabar el trimestre
en ginebra i apostant, diria.
I vaig saber com incrementava els seus ingressos
quan em feia fora. Em va tancar en un armari!
Només tenia vuit anys
quan va morir d'una «sobredosi accidental».
Llavors Claude es va ocupar de mi. Va ser una sort.
Però jo era prou gran per recordar... massa.

COLBY

Ets filla de Claude!

LUCASTA

No hi ha cap dubte d'això.
Segur que ell hauria volgut tenir-ne. S'ha portat bé amb mi
a la seva manera. Però sempre li sóc un recordatori
d'una cosa que preferiria oblidar.
(Una pausa)
Però per què no dius res? T'has escandalitzat?

COLBY

Escandalitzat? No. Sí. No ho entens.
T'ho vull explicar. Però no puc, no pas ara.
Com se'm va acudir d'entrar en aquesta casa!
Lucasta...

LUCASTA

Puc veure prou bé que estàs escandalitzat.
T'hauries de veure la cara! Estic decebuda.
Suposo que això és tot. Em sembla que t'has escandalitzat més
que si t'hagués dit que era l'amant de Claude.
Claude sempre s'ha avergonyit de mi:
ara tu també te n'avergonyeixes. Pensava que ho entendries.
No saps pas què és ser un bastard
no volgut per ningú. Ja sé per què t'escandalitzes:
 Claude m'ha acceptat simplement com un deure

sempre pagant al comptat. No m'agrado.
No m'agrada la persona que m'he imposat de ser;
i tu m'agradaves perquè tampoc no t'agradava aquella
persona,
i creia que m'arribaries a veure com a la veritable mena de
persona
que jo vull ser. Que sé que sóc.
Això era nou per a mi. Suposo que em sentia afalagada.
I havia pensat que potser si ara algú altre em veia
com sóc realment, podria esdevenir jo mateixa.

COLBY

Lucasta, no estic escandalitzat. No per tu,
no per res que puguis pensar. Té a veure amb mi mateix.

LUCASTA

Tu mateix, efectivament! El teu preciós jo!
¿Per què no et reclous tu mateix en aquest jardí
on t'agrada estar sol amb tu mateix?
O potser penses que aniria malament per a les teves
perspectives
ara que ets el favorit de Claude.
Potser t'adoptarà, i et farà el seu hereu
i et casaràs amb una altra Lady Elizabeth.
Però en aquest cas, Colby, m'hauràs d'acceptar
com a germana teva! Encara que sigui una trinxeraire...

COLBY

No tens per què usar aquestes paraules! No saps com fereixen.

LUCASTA

Podria usar paraules molt més fortes que això,
i ho faré, si em ve bé. Vaja, ho sento:
suposo que és la meva mare que em surt de dins.
Saps, Colby, estic molt decebuda.
Estava segura, quan et deia tot allò,
que no t'importaria gens. Que fins sentiries llàstima per mi.
Però ara no vull que sentis llàstima, gràcies.
Perquè, en realitat havia pensat de dir-t'ho abans,
i ho vaig ajornar, només per divertir-m'hi:
vaig pensar, quan li ho digui, serà tan meravellós
tot en un moment. I ara no hi ha res,
res de res. És molt pitjor que mai.
Just quan penses que estàs a punt d'alliberar-te
de la solitud, llavors la solitud es llança sobre teu;

quan et penses que escapes, entres més endins,
i al final trobes que no hi ha escapatòria.
Bé, me'n vaig.

COLBY

No te'n pots anar encara!
Hi ha una altra cosa que et vull explicar,
i ara ho faré. Trenco una promesa. Però...

LUCASTA

No crec que hi hagi res per explicar
que pugui donar una explicació satisfactòria. Mai,
mai no oblidaré l'expressió de la teva cara
quan t'he parlat de Claude i de la meva mare.
Potser sóc borda, però tinc una mica d'amor propi.
Bé, sempre em queda B. Em sembla que tot just ara
començo a apreciar B.

LUCASTA

Lucasta, espera!
(Entra B. Kaghan.)

KAGHAN

Entra B. Kaghan.
Per veure el nou pis. I aquí teniu Lucasta.
Sabia que ja la trobaria dins!
Fieu-vos de les intuïcions de Kaghan! Sóc el teu àngel de la guarda,
Colby, per protegir-te de Lucasta.

LUCASTA

De moment, ets el *meu* àngel de la guarda, B.
M'has de dur a sopar. I em moro per una beguda.

KAGHAN

Vaig dir a Colby, no aprenguis mai a preparar còctels,
si no vols que les dones et visitin sempre.
I entre una parella de tigresses devoradores d'homes
com sou tu i Lizzie, cal que estigui protegit.

LUCASTA

Colby no necessita la teva falsa protecció
pel que fa a mi, B. I quant a Lizzie,
millor que no et fiquis en el seu camí quan caça.
Però ara l'únic que importa és que estic afamada,
i m'has d'oferir un excel·lent sopar.

KAGHAN

Se t'alimentarà. Cada cosa al seu temps.
He vingut a inspeccionar el nou allotjament de solter,
i a desitjar sort a Colby. Sempre he tingut sort,
i sempre porto sort a l'altra gent.

COLBY

Prendràs una copa de xerès?

KAGHAN

Sí que la prendré,
i brindarem per l'èxit del pis. Lucasta també:
et va molt millor que els còctels, Lucasta.

LUCASTA

Saps que no m'agrada el xerès.

KAGHAN

Te l'has de beure,
per Colby, i per una feliç vida de solter!
Que depèn, és clar, d'impedir que Lizzie
s'hi interfereixi. Sigues sever amb ella, Colby;
fes valdre els teus drets per una mica d'intimitat.
Ara és l'hora de la fermesa. No permetis que traspassi el teu llindar.

LUCASTA

Com si tu no la temessis igual que qualsevol altre!

KAGHAN

Doncs, com a mínim, sempre he aconseguit defugir-la.

LUCASTA

Sols perquè mai no t'ha volgut perseguir.

KAGHAN

Sí, li vaig fer una mala impressió de bon principi:
ho vaig creure necessari. Em temo que Colby
li ha fet una bona impressió; i haurà d'aconseguir esborrar-la.
—M'agrada com has reformat aquest lloc.

COLBY

Lady Elizabeth va escollir la decoració.

KAGHAN

Llavors no estic segur que m'agradi. Hauràs de canviar els colors.
Tot està una mica massa apagat. Necessites una cosa més llampant.
Però per altra banda, sembla molt confortable.
Si fos tan refinat com Colby, Lucasta,
mai no hauria pensat a canviar la meva condició.

LUCASTA

Sempre ets lliure de repensar-t'ho.

KAGHAN

El matrimoni és un risc. Però jo sóc un jugador nat
i ho he apostat tot a... no, no és la frase adequada
—Lucasta és l'especulació més excitant
en què mai havia pensat d'invertir.
Colby és més prudent. Saps, Colby,
tu i jo hauríem d'estar junts en els negocis.
Sóc un bon endeví. Però de vegades no l'encerto.
Prenc decisions sense reflexionar-hi,
però tu mai no fas un salt en el buit;
em mantindries encarrilat.

COLBY

Això no té cap sentit.
Només ho fas veure que ets jugador.
Ets tan assenyat com qualsevol altre,
i mai no t'emboliques en res arriscat.
T'agrada fer creure a l'altra gent
que ets un jugador. No em crec que hagis mai jugat
en res que no fos segur.

KAGHAN

Bé, tens part de raó. Saps, Lucasta,
Colby coneix molt bé les persones.

LUCASTA

Tu mateix hauries de conèixer més bé
les persones, abans de dir això de Colby.

KAGHAN

Les conec molt bé. Però et diré la diferència
entre nosaltres i Colby. Tu i jo
—el que volem nosaltres és seguretat

i respectabilitat! En canvi, Colby
no se n'ha de preocupar gens, de ser respectable:
va néixer i va ser criat per ser-ho. Jo no, Colby.
Ho saps que vaig ser una criatura abandonada? No ho sabies!
Mai no vaig tenir pares. Simplement adoptat, d'enlloc.
Per això vull ser algú important a la ciutat,
figurar a les llistes de totes les companyies més sòlides:
perquè no tinc passat —cap passat.
Això és una cosa que m'agrada de Lucasta:
no em menysprea.

LUCASTA

Ningú no et podria menysprear.
I el que és més important, tu no em menysprees, a mi.

KAGHAN

Ningú no et podria menysprear, a tu, Lucasta;
i volem les mateixes coses. Però tornant a Colby,
és la mena d'individu que ho podria abandonar tot
i anar-se'n a viure a una illa deserta.
Ara, espero que no ho facis. Et necessitem on ets.

COLBY

Començo a creure que tens una intuïció molt perspicaç
de les coses, que no té res a veure amb els negocis.

KAGHAN

I tu tens un cap molt adequat per als negocis.
Potser ets més bon financer que jo!
Per això, en els negocis hauríem d'anar junts.

LUCASTA

Sou tots dos molt bons fent compliments;
però us he indicat que tenia gana.

KAGHAN

No pot ser que ja vulguis sopar.
Només són les sis. No podem sopar fins a les vuit;
no en cap dels restaurants que a tu t'agraden.
—Per canviar, parlem de Lucasta.

LUCASTA

(Aixecant-se.)
Si voleu parlar de mi...
(Un truc a la porta. Entra Lady Elizabeth.)

LADY ELIZABETH

Ah, bona nit.
Bona nit, senyor Kaghan. Bona nit, Lucasta.
Acabeu d'arribar, o ja us en anàveu?

LUCASTA

Estàvem a punt de marxar, Lady Elizabeth.

LADY ELIZABETH

He vingut de visita per donar una ullada al pis
ara que t'hi has instal·lat. Perquè no es pot dir
si un pla de decoració
és *adient,* fins que el lloc no l'ha habitat
la persona per a qui ha estat dissenyat.
Així que t'hi haig de veure dins. Deies que us en anàveu?

KAGHAN

Sortirem a sopar. Lucasta té molta gana.

LADY ELIZABETH

Gana? A les sis? On podreu sopar?
Ah, ja ho sé. És l'ocasió de provar aquell Restaurant Vegetarià
que us vaig recomanar. Hi podeu sopar d'hora:
la majoria dels clients hi sopen a quarts de sis.
Hi fan unes amanides exquisides!
I ja li vaig dir, senyor Kaghan, que una persona com vostè
necessita menjar molta amanida.
Ho recorda? Li vaig fer anotar l'adreça;
i no crec que ja hi hagin anat.

KAGHAN

Per què no? El cas és que no encara.
En teníem la intenció. Anem-hi, Lucasta?

LUCASTA

Tinc tanta gana que fins em podria menjar una ensalada verda.

LADY ELIZABETH

Això mateix. Només cal que digui el meu nom, senyor Kaghan,
i demani per la taula del racó, a mà esquerra:
té la millor cambrera. Bona nit.

LUCASTA

Bona nit.

KAGHAN
I moltes gràcies. Dóna tan bons consells.
(Surten Kaghan i Lucasta.)

LADY ELIZABETH
Aquests joves havien estat citats?
O s'han presentat inesperadament?

COLBY
Havia convidat Lucasta. M'havia demanat que toqués per a ella.

LADY ELIZABETH
Li dius Lucasta? La gent jove d'avui dia
sembla que ha deixat completament de banda l'ús dels cognoms.
Espero, Colby, que no t'importi un suggeriment.
Temia que probablement et faries massa amic
del senyor Kaghan i de la senyoreta Angel.
Tal com ho veig, has viscut una vida més aviat protegida,
i m'he adonat que et prestaven molta atenció.
Veuràs, ets en part una curiositat
per a tots dos —no ets la mena de persona
que acostumen a trobar en el tipus de societat que freqüenten.
Així que, naturalment, t'hi volen incloure.
Jo et puc parlar amb més franquesa, com a persona gran que sóc.

COLBY
Però, Lady Elizabeth...

LADY ELIZABETH
Bé, més gran que tu,
i força més experta en els camins del món.

COLBY
Però, Lady Elizabeth, quin inconvenient hi troba?
Són tots dos intel·ligents... i amables.

LADY ELIZABETH
No dic pas que no siguin intel·ligents i amables.
No estic fent cap suggeriment maliciós:
però són una mica mundans i materialistes,
i... bé, tirant a vulgars. No són en absolut de la teva classe.

COLBY

Jo no en diria vulgars. Potser també sóc vulgar, jo.
Però què considera que és la meva classe?
Jo no ho sé. I m'agradaria saber-ho.

LADY ELIZABETH

En primer lloc, t'hauries de barrejar amb gent de cultura.
Quan et vaig veure per primera vegada em vaig dir,
«Està molt ben educat». No sabia res de tu,
però no cal saber res si se sap què és cultura.
I, en segon lloc, necessites una companyia intel·lectual.
Això limita, però, les teves coneixences:
perquè, cosa sorprenent, la gent ben educada
de vegades és lluny de ser intel·lectual;
i —cosa sorprenent— els intel·lectuals
sovint són uns maleducats. Però això no és tot.
Necessites gent educada i intel·lectual
d'espiritualitat —i això és el més poc freqüent.

COLBY

Doncs, tot plegat limitaria les meves amistats a un nombre molt petit, i no sé on trobar-les.

LADY ELIZABETH

Se'n pot trobar.
Però jo venia per donar una ullada al pis
a veure si la combinació de colors quedava del tot bé.
I crec que sí. Les parets; les cortines;
i quasi tots els mobles. Però, aquest escriptori!
D'on ha sortit aquest escriptori?

COLBY

És un escriptori d'oficina. Sir Claude me'l va aconseguir.
Li vaig dir que necessitava un escriptori a l'habitació:
veurà, hi faré bona part de la meva feina, aquí.

LADY ELIZABETH

I què és aquest objecte tapat que hi ha al damunt?
No em diguis que és una màquina d'escriure.

COLBY

És una màquina d'escriure.
Ja hi he començat a treballar. Per ara
treballo en un informe d'una empresa.

LADY ELIZABETH

No comptava amb informes i màquines d'escriure
quan vaig dissenyar aquesta habitació.

COLBY

És el tipus d'habitació que volia.

LADY ELIZABETH

(Aixecant-se.)
I aquella fotografia que tens en un marc de plata.
Em temo que t'hauré d'instruir, Colby.
Els retrats fotogràfics —fins amb marcs de plata—
són massa íntims per a la sala d'estar.
El puc moure? La teva habitació
és el lloc més idoni per a records fotogràfics.
(S'asseu, sostenint el retrat.)
Què anava a dir? Ah, ja ho sé.
Creus en la reencarnació?

COLBY

No. És a dir, no hi he pensat mai.

LADY ELIZABETH

No puc dir que jo hi cregui.
Durant un temps, sí. En vaig estudiar la doctrina.
Però, anava a dir, que si hi cregués
hauria d'haver dit que ja ens havíem conegut
en una reencarnació prèvia. —És la teva mare?

COLBY

No, la meva tia. No vaig arribar a conèixer la meva mare.
Va morir quan vaig néixer.

LADY ELIZABETH

Va morir quan vas néixer.
Tens d'altres parents propers? Algun germà?

COLBY

No, cap germà. I pel que fa a altres parents,
no en vaig conèixer cap, de petit.
Suposo que mai no m'he interessat... pels parents.

LADY ELIZABETH

No volies conèixer els teus parents?
Comprenc com et senties.

Que poc m'agradaven els meus pares! Tenia una institutriu;
millor dit, diverses. I les detestava totes.
Et va educar una institutriu?

COLBY

No. La meva tia.

LADY ELIZABETH

I l'odiaves? No, és clar que no.
O no tindries el seu retrat. Si no vas arribar a conèixer els teus pares...
Però vivia el teu pare?

COLBY

No el vaig conèixer mai.

LADY ELIZABETH

Aleshores, si no vas tenir mai una institutriu,
i si mai no vas arribar a conèixer els teus pares,
no pots entendre què és realment odiar.
Tanmateix hi deu haver algunes semblances en el nostre passat.

COLBY

Però vostè tenia pares. I sens dubte, molts parents.

LADY ELIZABETH

I tant, multitud de parents! I una gent tan desagradable!
Em veia com un colom en un niu d'àguila.
Eren tan carnívors. Sempre matant coses i menjant-se-les.
I tanmateix la nostra infantesa deu haver estat semblant.
Aquestes són només diferències superficials:
devies ser un nen solitari, sense parents
—ni germans— i jo estava sola
perquè eren tan nombrosos —i tan antipàtics.
Em feien sentir fora de lloc. I tanmateix ells eren tan corrents.
Saps, Colby, de petita
tenia tres obsessions, i no les he dites mai a ningú.
Em pregunto si tu devies tenir les mateixes obsessions?

COLBY

Quines eren?

LADY ELIZABETH

La primera, que era molt lletja

i no ho sabia. L'altra, que era dèbil mental
i no ho sabia. Finalment,
que era una criatura abandonada, i no ho sabia.
Evidentment, tenia pànic de ser lletja,
i de ser dèbil mental: i a més la meva família m'ho feia pensar.
Però saps, en realitat m'agradava creure
que era una criatura abandonada
—o vull dir potser canviada amb una altra?

COLBY
No sé si vol dir l'una cosa o l'altra.

LADY ELIZABETH
Fos el que fos,
no volia pertànyer a aquell món. Em negava a creure
que el meu pare podia haver estat un comte i prou!
I no podia creure que la meva mare fos la meva mare.
Eren fantasies absurdes. Jo era una ximpleta,
i molt romàntica. Però això ve a demostrar
com me'n sentia, de diferent.
I llavors vaig començar amb la Saviesa d'Orient
i vaig creure, durant un temps, en la reencarnació.
Semblava que ho explicava tot. Ara no hi crec.
Va ser sols una etapa. Però ho feia tot tan senzill!
Ser capaç de pensar que els pares terrenals
són només el mitjà que hem d'utilitzar
per reencarnar-nos. I que la veritable ascendència
es troba en les existències prèvies. És clar que hi ha alguna cosa en nosaltres,
en tots nosaltres, que no és simplement herència,
però és una cosa única. Allò que hem estat
des de l'eternitat. Allò... que ve directe de Déu.
Això vol dir que som més a prop de Déu que de ningú.
—On vivies, de petit?

COLBY
A Teddington.

LADY ELIZABETH
Teddington? A quin comtat?

COLBY
És molt a prop de Londres.

LADY ELIZABETH
Però vas ser criat, com jo, al camp.
Teddington. Em sembla que n'he sentit parlar.
Era una casa gran.

COLBY

No, era molt petita.

LADY ELIZABETH

Però hi tenies la teva tia. I es dedicava completament a tu,
no en tinc cap dubte. Com es diu la teva tia?
Es diu Simpkins?

COLBY

No, era una tia casada.
Una vídua. Es diu Guzzard.

LADY ELIZABETH

Guzzard? Has dit Guzzard? Un nom gens comú.
Guzzard, has dit? Aquest nom em diu alguna cosa.
Sí. Guzzard. Aquest és el nom que jo buscava.

COLBY

Potser s'ha topat amb el nom abans;
tot i que, com ha dit, és un nom poc freqüent.
No podia conèixer la meva tia.

LADY ELIZABETH

No. No he vist mai... la teva tia.
Però el nom m'és familiar. Quants anys tens, Colby?

COLBY

Vint-i-cinc.

LADY ELIZABETH

Vint-i-cinc. Què se n'ha fet del teu pare?

COLBY

Doncs... jo no he tingut pare.
Veurà... era un fill il·legítim.

LADY ELIZABETH

Ah sí. Un fill il·legítim.
De manera que l'únic parent que coneixies
era la senyora Guzzard. I sempre li has dit «tia»?

COLBY

 Per què no? Era la meva tia.

LADY ELIZABETH

I de la teva mare
—la germana de la senyora Guzzard, suposo que...

COLBY

La seva germana —cosa que fa de la senyora Guzzard, la meva tia.

LADY ELIZABETH

I n'estàs segur, que la germana de la senyora Guzzard
—que dius que era la teva mare— era realment la teva mare?

COLBY

Per què, Lady Elizabeth? Per què n'hauria de dubtar?
No és la mena d'història que inventaria la meva tia.

LADY ELIZABETH

No si *és* la teva tia. Va tenir algun fill
el matrimoni Guzzard?

COLBY

No van tenir cap fill, ells dos.
Millor dit, havien tingut un nen
que va morir quan jo era molt jove.
No el recordo. Me'n van parlar.
Però no deixo de preguntar-me per què hi posa tant interès:
no hi ha res gaire interessant en el meu passat
—li ho asseguro.

LADY ELIZABETH

Potser hi tens més coses interessants
del que t'imagines. Colby...

(Un truc a la porta.)

Qui és?

(Entra Sir Claude.)

SIR CLAUDE

Elizabeth! M'han dit que eres aquí amb Colby.
Així que he vingut en comptes de telefonar,
per donar-li aquestes notes. Són per al meu parlament
en el sopar de la Companyia de Ceràmica.

COLBY

Em sembla que és demà a la nit.

SIR CLAUDE

Exacte.

Però ja saps que hauré de tenir el parlament escrit
per després memoritzar-lo. No puc portar notes:
ha de semblar espontani. He anotat algunes idees.
Mira si les pots desenvolupar
amb algunes frases colpidores. Hauria de durar uns deu minuts.
Demà ens hi posarem.

COLBY

(Mirant les notes.)

Ho intentaré.

SIR CLAUDE

És en moments com aquests, Elizabeth,
que Colby pot ser de més ajut que Eggerson.
No li hauria pogut demanar, a Eggerson, que m'escrivís un parlament.
Ah, per cert, Colby, què tal, el piano?

COLBY

És un piano meravellós. No havia tocat mai
un instrument així. És massa per a mi.

SIR CLAUDE

Necessitaves un bon piano. Tocaràs molt millor.

LADY ELIZABETH

Claude!

SIR CLAUDE

Què hi ha, Elizabeth?

LADY ELIZABETH

Acabo de fer un descobriment sensacional!
Tot a través d'un nom —i d'intuïció.
Però s'haurà de comprovar. Ha sorgit la veritat.
És Colby. Colby és el fill que vaig perdre!

SIR CLAUDE

Però què dius? El teu fill, Elizabeth? Què dimonis et fa pensar això?

LADY ELIZABETH

He de veure aquesta senyora Guzzard. M'hi he d'encarar.
No és possible que sigui una coincidència.
Sembla increïble, oi, Claude?
I tanmateix seria més creïble encara
si fos només una coincidència.
Potser encara no ho hauria de creure,
potser és un error que n'estigui tan segura,
però és com si la Providència te m'hagués tornat,
i tu, Claude, i Eggerson n'hàgiu estat els instruments.
He de tenir raó. Claude, digue'm que tinc raó.

SIR CLAUDE

Però Elizabeth, què t'ha portat a creure
que Colby és fill teu?

LADY ELIZABETH

Ai, me n'oblidava
amb l'emoció: has arribat just
quan la veritat se m'ha fet evident. La senyora Guzzard!
Claude, a Colby el va criar la senyora Guzzard.

SIR CLAUDE

Ja ho sé. Però per què l'hauria de fer el teu fill, això?

LADY ELIZABETH

És el nom que he estat buscant tots aquests anys
—aquest, i l'altre nom, Teddington:
la senyora Guzzard de Teddington. Això és tot el que sabia.
Llavors van matar Tony, com saps, a l'Àfrica,
i jo havia perdut el nom. Senyora Guzzard.

SIR CLAUDE

Ara començo a lligar caps.
Has estat preguntant a Colby coses sobre la seva família...

LADY ELIZABETH

I quan ha parlat de Teddington, he sentit com un eco fluix i
després, senyora Guzzard! Ha de ser cert.

SIR CLAUDE

Certament és una coincidència remarcable
—si és que és una coincidència. Però em temo, Elizabeth,
que el que ha passat és que, regirant tant el passat,

has començat a pensar en Colby com en una imatge del teu fill,
i llavors l'has començat a veure com el teu fill,
i després —qualsevol nom que sentissis t'hauria semblat l'encertat.

LADY ELIZABETH

Oh, Claude, com pots ser tan escèptic!
Cal que veiem la senyora Guzzard, i que ho confessi.

SIR CLAUDE

Ho sento, Elizabeth. Si la senyora Guzzard arriba
a fer la seva confessió, serà diferent
del que esperes. Em temo, Colby,
que li haurem de deixar saber la veritat.

COLBY

Em sembla... que no hi ha res que jo
—absolutament res— que jo pugui dir sobre això.
He de deixar-ho en mans de vostè.

SIR CLAUDE

T'ho hauria d'haver dit aleshores.
Sempre he detestat haver-te amagat una cosa així.
Ara veig que t'ho hauria d'haver dit abans,
però jo esperava —i ara sembla una idea estúpida...
El que està succeint s'assembla tant al que havia planejat,
i, al mateix temps, és una paròdia tal de tots els meus plans:
esperava que agafaries estima a Colby,
i que podria arribar a ocupar el lloc del teu propi fill,
si el coneixies millor —i que el voldries adoptar.

LADY ELIZABETH

I és clar que el vull adoptar, Claude!
És a dir, si és que es pot adoptar el propi fill.

SIR CLAUDE

No vull dir això, Elizabeth. Elizabeth,
Colby és fill meu.

LADY ELIZABETH

Impossible, Claude!
Tens una filla. Ara vols un fill.

SIR CLAUDE

No he volgut mai prendre't el fill.
Potser tens un fill. Però no és Colby.

T'ho hauria d'haver dit ja fa anys.
Vaig parlar-te de Lucasta, i tu em vas parlar
de la teva pròpia... desgràcia. I gairebé et parlo
de Colby. No ho vaig fer. Per una raó tan estúpida.
Ara em sembla absurda. Un fill cadascú
—això semblava prou just— encara que el teu l'havies perdut,
i el meu el podia perdre. Però si en tenia un altre
vaig suposar que pensaries —«i quants més?»
T'hauries pogut imaginar qualsevol nombre de fills!
Ara sembla grotesc. Però això va influir.
I vaig trobar una raó més bona per mantenir el silenci.
Vaig veure com desitjaves tenir un fill teu,
i vaig pensar, esperaré a tenir fills nostres,
i llavors li ho diré. Però mai no van arribar.
I ara em penedeixo amargament d'aquella decisió.
T'hauria d'haver dit que tenia un fill.

LADY ELIZABETH
Però per què penses que Colby és fill teu?

SIR CLAUDE
Colby és el fill de la germana de la senyora Guzzard,
que va morir en néixer ell. La senyora Guzzard el va criar,
i jo vaig garantir la seva educació.
L'he vist créixer. I la senyora Guzzard
sap que és fill meu.

LADY ELIZABETH
I, Claude, on eres
quan va néixer Colby?

SIR CLAUDE
On era? Al Canadà.
El meu pare m'havia enviat en una gira de negocis
perquè m'instruís sobre inversions a l'estranger.

LADY ELIZABETH
Llavors com saps que la germana va tenir una criatura?
Potser la senyora Guzzard es va inventar la història...

SIR CLAUDE
Per què l'hauria d'inventar? Esperava una criatura.

LADY ELIZABETH
Per aconseguir diners de tu, potser.
No, això no ho hauria de dir. Però li van deixar una criatura

a les mans. El pare havia mort
i no li van dir mai el nom de la mare;
i la mare havia oblidat el nom de la senyora Guzzard,
jo era la mare i Colby era la criatura;
i la senyora Guzzard va pensar que series feliç
de pensar que tenies un fill, i que li faries bé
—perquè t'havia importat molt la noia, oi?

SIR CLAUDE
Sí, i tant. Molt. Mai no havia estat
enamorat abans.

LADY ELIZABETH
Molt bé, doncs.
Això és el que devia passar.
Oh, Claude, ja saps que sóc més aviat curteta
per molt que tracto de ser espavilada. Intenta ajudar-me.

SIR CLAUDE
Podria haver passat. Però estic segur que no.

LADY ELIZABETH
Oh, Colby, no t'ho diu l'instint?

SIR CLAUDE
Això, digue'ns què en penses.
Sé que aquesta situació deu ser molt més dolorosa
per a tu, del que pot ser-ho per a... nosaltres.

COLBY
Només desitjaria que fos un dolor més intens:
no sé si he patit o no
durant aquesta conversa. Em sento només... insensible.
Si hi ha dolor, és part d'un dolor total
que encara no puc començar a sentir. Simplement hi sóc indiferent.
I tota l'estona que han estat parlant
jo pensava: «Què importa
de qui sóc fill?» No entenen
que quan un ha viscut sense pares, de petit,
queda un forat que mai no es pot omplir. Mai.
M'agraden tots dos, fins us podria arribar a estimar
—però com a amics... vells amics. A cap dels dos, com a pares.
Ho sento. Aquesta és la raó per la qual no m'importa,
qui de vostès podria ser un dels meus pares.

LADY ELIZABETH

Però, Colby, no trobes que és diferent una mare?
Sempre hi hauria d'haver un lligam entre mare i fill,
tant se val el temps que hagin estat separats l'un de l'altre.

COLBY

No, Lady Elizabeth. La situació és la mateixa
o més cruel. Suposi que sóc el seu fill.
Llavors és purament un fet. Millor no saber-ho
que saber el fet i saber que no significa res.
En el moment que vaig néixer, vostè hauria pogut ser la meva mare,
però va escollir de no ser-ho. No la culpo per això:
Déu no ho vulgui! Però ens hem d'atendre a les conseqüències.
En el moment que vaig néixer, que vostè fos la meva mare
—si és la meva mare— era un fet viu.
Ara, és un fet mort, i dels fets morts
no en pot néixer ni una espurna de vida. És massa tard.
Fins ara no havia volgut mai un pare:
no hi pensava. Ara, m'hi han fet pensar,
i desitjaria haver tingut un pare i una mare.

LADY ELIZABETH

Prou, Colby! Se m'ha acudit una cosa.
Claude! No et vull prendre
el fill que pensaves que era teu. I sé pel que has dit,
que preferiries que fos nostre més que només teu.
Per què hauríem de fer cap altra indagació?
Mirem-lo com si fos el nostre fill:
no serà el mateix que el que havíem volgut
—però en certa manera millor! I evitarà que
tinguem exigències irraonables sobre tu, Colby.
és una bona idea! Per què no hauríem de ser feliços,
tots? Ja sento, Claude,
com si això ens hagués acostat més.

SIR CLAUDE

Hauria d'estar satisfet amb una entesa així;
i, en efecte, no queda lluny del que jo pretenia.
Ens podries acceptar a tots dos d'aquesta manera, Colby?

COLBY

Només puc dir el que sento en aquest moment:
i tanmateix em sembla que sempre ho sentiré igual.

SIR CLAUDE

I, doncs?

COLBY

Seria més fàcil, penso,
acceptar-los a tots dos com a pares
si cap de vostès no ho pogués ser. Si fos pura ficció
—un pot viure en una ficció— però no en aquesta barreja
de ficció i realitat. Ja ha estat prou dur
per a mi, que no conec els sentiments de fill,
veure'm disputat entre dos pares.
Però, si seguíem el seu suggeriment,
ho sé, sé que sempre estaria obsessionat
pels malaurats fantasmes dels altres pares!
És prou estrany tenir dos pares
que n'hauria de tenir quatre! Què me'n diuen dels altres?
Hauria de viure amb aquests fantasmes, l'un indignat
per l'estafa de la seva paternitat —o maternitat—,
l'altre indignat per l'atribució
d'una falsa paternitat o maternitat. Tots dos burlats.

SIR CLAUDE

Doncs què vols, Colby? Què vols?
Pensa en el futur. Quan et casis
voldràs pares, per al bé dels teus fills.

COLBY

Aquesta nit no sento que em vulgui casar mai.
Potser té raó. No ho puc tenir en compte.
Però ara vull saber de qui sóc fill.

SIR CLAUDE

Doncs, primer de tot: hem de veure la senyora Guzzard.

LADY ELIZABETH

Ai, Claude! Ho sento moltíssim per tu.
Em sembla que si hagués sabut la teva... il·lusió
mai no t'hauria desenganyat.

SIR CLAUDE

Quant a mi,
si m'arribo a imaginar el que passaria,
amb molt de gust t'hauria cedit Colby a tu.
Però ara hem de veure la senyora Guzzard. Ho arreglaré
perquè vingui.

LADY ELIZABETH

I crec que també ho hauries de dir a Eggerson.

SIR CLAUDE

(Aixecant-se.)

Ah, i tant, Eggerson! Ell ho sap tot.
No en parlem més, avui. Ara, Colby,
podràs trobar algun consol en el piano?

COLBY

No crec pas que aquesta nit el piano em pugui ajudar:
de moment, no el vull tornar a tocar mai més.
Però hi ha una altra raó. Li he de recordar
que té el parlament per a la Companyia de Ceràmica
demà a la nit. M'he de posar a la feina.

SIR CLAUDE

Demà a la nit. He d'anar a aquest sopar
demà a la nit?

COLBY

Em mirava les seves notes
—abans que em fessin intervenir en la conversa—
i n'he trobat una que no entenia.
«Humor nostàlgic». No la puc desenvolupar, aquesta,
a no ser que em digui —nostàlgic de què?

SIR CLAUDE

Nostàlgic de què? Nostàlgic de què?
«Aquesta nit em sento amb un humor nostàlgic»
—Ah, sí. Per dir alguna cosa de les meves primeres ambicions
de ser ceramista. No és que els membres
de la Companyia de Ceràmica en sàpiguen alguna cosa,
sobre ceràmica... o sobre qualsevol altre art.
No, no crec que m'hagi de posar d'un humor nostàlgic.
Esborra-ho això. Només em faria pensar
en coses que sorprendrien la Companyia de Ceràmica
si els deia què recordava realment.
Anem, Elizabeth.

LADY ELIZABETH

El meu pobre Claude!

(Surten Sir Claude i Lady Elizabeth.)

TELÓ

Acte III

La sala del despatx, com en l'acte I. Uns matins després. Sir Claude està col·locant cadires. Entra Lady Elizabeth.

LADY ELIZABETH

Claude, què fas?

SIR CLAUDE

Distribueixo els llocs.
És important, quan tens una reunió delicada,
decidir per endavant la disposició dels seients.
No crec que tu i jo haguem d'estar gaire a prop.
T'asseuràs allà, al costat de l'escriptori?

LADY ELIZABETH

A l'altra banda, amb la llum al darrere:
però no t'hi penses asseure tu, a l'escriptori?

SIR CLAUDE

No, quedaria massa formal. He pensat que seria millor
posar Eggerson allà, darrere l'escriptori.
Veuràs, vull que sigui com un moderador.

LADY ELIZABETH

Això és una bona idea.

SIR CLAUDE

D'altra banda,
no hem de semblar un parell d'advocats
preparats per interrogar severament un testimoni.

És molt desagradable. No hem de començar
per ofendre la senyora Guzzard. Per això he pensat
que Eggerson hauria de fer les primeres preguntes.
És molt bo plantejant les qüestions
de manera indirecta. Però on la posem, a ella?

LADY ELIZABETH

Allà, amb la llum de ple damunt seu:
vull veure clarament la seva expressió.

SIR CLAUDE

Però no en aquella cadira! Ha de seure en una butaca...

LADY ELIZABETH

No en una de tan baixa. Deixa-la al racó
per a Colby. No voldrà cridar l'atenció,
pobre noi!

SIR CLAUDE

Després de tot, va ser ell qui va insistir
en aquesta... investigació. Però potser tens raó.

LADY ELIZABETH

Claude, hi he estat pensant una i altra vegada,
durant tota la nit. Gairebé no he dormit.
Voldria que Colby, d'alguna manera, comprovés que és fill teu
en lloc de meu. De veritat que ho vull!
Seria molt més just. Si és meu
—i n'estic segura— llavors no hauries tingut mai un fill;
mentre que si fos teu... podria ocupar encara el lloc
del meu fill: i així podria ser el nostre fill.
Ai, Claude, què vull? M'agradaria que fos meu,
però perquè tu el creguessis teu!
Per tant, tant de bo que la senyora Guzzard digui que és teu
i no cal que m'ho cregui, jo. No crec en els fets.
Tu sí. Aquesta és la diferència entre nosaltres.

SIR CLAUDE

No n'estic segur. He intentat creure en els fets;
i sempre he actuat com si hi cregués.
Em pensava que el meu pare creia en els fets;
pensava que només es preocupava pel poder i per la riquesa;
i vaig acabar veient que el que jo havia interpretat així,
era una altra cosa per a ell:
una idea, una inspiració. El que em volia transmetre

era aquesta idea, aquesta inspiració,
que eren vida per a ell. Per a mi, una càrrega.
Un no pot comunicar inspiració,
així, per la força del desig. Era un financer,
i jo simplement sóc un financer amb èxit.
Potser hauria estat més fidel a la inspiració del meu pare
si hagués fet el que jo volia fer.

LADY ELIZABETH

Mai no m'havies parlat així, abans!
Per què? No considero que t'entengui
i sé que no creus que entengui res,
i potser no. Però m'agradaria que de vegades
em parlessis com si t'entengués,
i potser t'acabaria entenent millor.
Què volies fer?

SIR CLAUDE

Ser ceramista.
No te'n riguis.

LADY ELIZABETH

No me'n ric pas. Només pensava
com n'és d'estrany haver viscut amb tu, tots aquests anys,
i ara em dius que t'hauria agradat ser ceramista!
Vols dir, realment, fer gerres i pots
com els de la teva col·lecció?

SIR CLAUDE

Sí, això vull dir.

LADY ELIZABETH

Doncs, m'hauria encantat que fossis ceramista!
Per què no m'ho havies dit mai?

SIR CLAUDE

No pensava
que et pogués interessar. I encara més.
Donava per suposat que el que volies
era un marit important. Pensava que em menyspreearies
si sabies què volia ser en realitat.

LADY ELIZABETH

I jo donava per suposat que no t'interessava
res més que els assumptes econòmics;

i que em necessitaves sobretot com a amfitriona.
És un gran error, em sembla,
que els matrimonis donin res per suposat.

SIR CLAUDE
És una observació molt intel·ligent.
Potser he donat per suposat massa coses
sobre tu, Elizabeth. Tu què volies?

LADY ELIZABETH
Inspirar un artista. No te'n riguis.

SIR CLAUDE
No me'n ric.
Així el que volies era inspirar un artista!

LADY ELIZABETH
O inspirar un poeta. Pensava que Tony era poeta.
Perquè m'escrivia poemes. I ell era tan meravellós.
Ara sé que els poetes no semblen poetes:
i els financers, pel que es veu, no semblen ceramistes:
és això el que vull dir? M'estic embolicant.
Pensava que m'escapava d'un món que detestava
amb Tony —i llavors, ja massa tard, vaig descobrir
que ell pertanyia al món del qual jo volia escapar.
Era tan corrent! Volia oblidar-lo,
i per això, suposo, volia oblidar
Colby. Però Colby és un artista.

SIR CLAUDE
Un músic.
Jo sóc un artesà frustrat,
i Colby és un compositor frustrat.
Jo hauria estat un ceramista de segona,
i ell hauria estat un organista de segona.
Tots dos hem escollit... l'obediència als fets.

LADY ELIZABETH
Crec que això és el que jo tractava de fer.
És molt estrany, Claude, però per primera vegada
parlo amb tu, sense sentir-me estúpida del tot.
Sempre em feies sentir com si no valgués la pena de parlar
amb mi.

Sir Claude

I tu sempre em feies sentir com si els teus interessos
fossin massa profunds per debatre'ls amb mi:
les cures de salut. I l'art modern —mentre fos modern—
i el ball dels dervissos.

Lady Elizabeth

El ball dels dervissos!
Ai, Claude, que n'arribes a ser, d'absurd!
No és que no hi hagi molt per aprendre,
dels rituals dervissos, no ho dubto.
Però tant se val el que ens digui la senyora Guzzard,
si satisfà Colby. Passi el que passi
serà el nostre fill.

(Un truc a la porta. Entra Eggerson.)

Sir Claude

Bon dia, Eggerson.

Eggerson

Bon dia, Sir Claude. I Lady Elizabeth!

Sir Claude

Eggerson, em sap greu d'haver-lo fet pujar a Londres
amb tan poca antelació.

Eggerson

No digui això, Sir Claude.
És cert, no hi ha gaires coses que m'hi portin, avui dia;
però la senyora Eggerson voldria que hi vingués més sovint!
És ben bé cosa de dones, això! Solia queixar-se
quan jo pujava cinc o sis dies per setmana a Londres:
i ara diu: «T'estàs tornant tan rústic!
Perds el tacte pels afers públics.»
El fet és que troba a faltar el contacte amb Londres,
encara que no ho admeti. Troba a faltar les notícies que li duia
quan tornava al vespre a casa. I les darreres edicions
dels diaris que agafava a Liverpool Street.
Però hi tinc tantes coses a fer, a Joshua Park
—a part del jardí— que no tinc ni un moment lliure.
I francament, ara, hi estic força perdut, a Londres.
Cada vegada que vinc, m'adono que el trànsit està molt pitjor.

Sir Claude

Sí, cada vegada pitjor.

LADY ELIZABETH
Espero que la senyora Eggerson estigui bé.

EGGERSON
Força bé.
Sempre es deprimeix, per aquesta època,
quan ens acostem a l'aniversari.

SIR CLAUDE
L'aniversari? De la mort del seu fill?

EGGERSON
Del dia que vam saber la notícia. No en parlem gaire, d'això;
tot i així sé què li ronda pel cap, dies abans.
Però aquí em tenen, parlant de nosaltres!
Tenim assumptes més importants, imagino.

SIR CLAUDE
Eggerson, estic esperant la senyora Guzzard.

EGGERSON
Ah, sí! La senyora Guzzard! I per què l'esperem?

SIR CLAUDE
Li he demanat de venir. Lady Elizabeth
està segura de conèixer el nom de la senyora Guzzard.

LADY ELIZABETH
La senyora Guzzard, de Teddington.

EGGERSON
Oh, i tant!
No m'hauria esperat que el conegués, aquest nom.

SIR CLAUDE
Va anar fent preguntes personals a Colby,
i ell va dir el nom de la seva tia, la senyora Guzzard.
Ara està convençuda que la senyora Guzzard
de Teddington és com es deia la persona
a qui van confiar el seu fill.

EGGERSON
Quina coincidència més sorprenent!

SIR CLAUDE
Això és el que és,
a no ser que s'equivoqui...

Lady Elizabeth

Claude!

Sir Claude

I ha arribat a la conclusió que el seu fill deu ser Colby,
així que li vaig dir la veritat. Però no s'ho pot creure.

Lady Elizabeth

Claude, no és del tot correcte. Deixa'm explicar.
Estic convençuda que Sir Claude va errat,
o l'han enganyat, i que Colby és el meu fill.
N'estic segura. Però no ho vull saber:
sóc d'allò més feliç deixant les coses tal com estan,
i així poder-lo veure com al nostre fill.

Sir Claude

Això és perfectament correcte. És Colby
qui no està satisfet amb aquesta solució.
Insisteix en els fets. I és per aquesta raó
que he demanat de venir a la senyora Guzzard. Ella ho sap.

Eggerson

És natural que el senyor Simpkins adopti aquesta postura,
si se'm permet de dir-ho. És clar que podem descobrir
una altra senyora Guzzard...

Lady Elizabeth

Dues senyores Guzzard?

Eggerson

Reconec que és un nom molt poc freqüent,
però coses més rares han passat.

Lady Elizabeth

I totes dues a Teddington.

Eggerson

Reconec que seria molt estrany.
I a la mateixa adreça.

Lady Elizabeth

No sé l'adreça.
La senyora Guzzard de Teddington, és tot el que sé,
i ho puc assegurar.

EGGERSON

Sembla poc probable
que hi hagi d'haver dues senyores Guzzard a Teddington.
Però suposant, de moment, que només hi hagi una senyora
Guzzard,
no hi podria haver dos infants?

LADY ELIZABETH

Dos infants, Eggerson?

EGGERSON

Només suggeria
que potser la senyora Guzzard es dedicava
a... cuidar les criatures d'altra gent?
Per dir-ho d'alguna manera. És perfectament respectable.

SIR CLAUDE

Suggereix que dirigia una llar d'infants.
Avui dia és molt poc probable, això.
A més a més, me n'hauria adonat. La vaig visitar
sovint. Mai no hi vaig veure més d'un infant.

EGGERSON

Potser en va admetre algun altre,
allotjat temporalment,
per ser clars. Però en cas que ho fes,
hem de preguntar què se n'ha fet de l'altre.

SIR CLAUDE

Però aquest nen era Colby.

LADY ELIZABETH

I tant que era Colby.

SIR CLAUDE

Eggerson, francament, no em pot demanar que em cregui
que va agafar dues criatures i les va confondre.

LADY ELIZABETH

Sembla que així devia anar la cosa. I ara hem de descobrir
que se'n va fer del teu nen, Claude.

SIR CLAUDE

Què se'n va fer del meu nen!
La mare del meu nen era la germana de la senyora Guzzard.

No se n'hauria desempallegat, d'ell. És el teu nen, Elizabeth,
el que hem de trobar.

EGGERSON

Si hi havia una altra criatura
llavors n'hem de seguir el rastre. Això mateix, Sir Claude:
el primer pas ha de ser preguntar a la senyora Guzzard.

SIR CLAUDE

I per això som aquí. Vindrà d'un moment a l'altre.
I quan arribi faré venir Colby.
Volia que vostè hi fos abans, per explicar-li la situació:
i he pensat que m'agradaria que conduís la conversa.
S'asseurà a l'escriptori?

EGGERSON

Si així ho vol, Sir Claude.
Sí que em sento més còmode quan sóc darrere un escriptori:
és el meu tarannà.

SIR CLAUDE

I presenti-li els arguments.
Que no pugui pensar que tinc dubtes:
farà les preguntes en nom de la meva dona.

EGGERSON

Ja ho entenc, Sir Claude: ho entenc perfectament.
(Un truc a la porta.)

SIR CLAUDE

Déu meu, ja és aquí! Bé... passi!
(Entra Lucasta.)

LUCASTA

Que és una reunió, això? Venia per parlar amb en Colby.
Disculpeu.

SIR CLAUDE

En Colby ha de venir.
Però tu no hi tens res a veure, en aquesta reunió, Lucasta.
Et fa res venir una altra estona?

LUCASTA

Venia a disculpar-me
amb en Colby. Tant se val. Una altra estona serà.

Que contenta estic que sigui aquí, Eggy! És un puntal tan ferm!
De tota manera, us he de comunicar una cosa,
i més val que ho faci ara. Si m'escolteu.

SIR CLAUDE

I tant que t'escoltaré. Però no tenim gaire temps.

LUCASTA

No trigaré gaire. Em caso amb en B.

SIR CLAUDE

Que et cases amb B.! Però si em pensava que ja estava tot decidit.

LUCASTA

Sí, és clar, Claude. Pensaves que estava tot decidit.
Aquest era el problema. Tenies tan clar
que aquesta era la solució ideal
des del teu punt de vista. Per treure-te'm de sobre.
Sé prou bé que sempre m'has vist com una molèstia!
I no t'ho he posat pas fàcil. Ni ho vaig intentar.
I saber que volies que em casés amb en B.,
em va decidir a no fer-ho. Només per contrariar-te,
m'atreviria a dir. Per això vaig sentir interès
per en Colby. Perquè pensaves que era massa bo per a mi.

SIR CLAUDE

Per Colby!

LUCASTA

Per què no? És perfectament natural.
I a en Colby, li estic agraïda. Si no és per en Colby
mai no hauria arribat a apreciar en B.

SIR CLAUDE

Però Colby! Lucasta, si ho arribo a sospitar,
t'ho hauria explicat. Colby és germà teu.

EGGERSON

Mig germà, senyoreta Angel.

SIR CLAUDE

Sí, mig germà.

LUCASTA

Què voleu dir?

SIR CLAUDE

Que Colby és fill meu.

LADY ELIZABETH

Això és el que Sir Claude creu. Claude, deixa-m'ho explicar a mi.

SIR CLAUDE

No, ja ho explico jo. Hi ha hagut un malentès.
La meva dona es pensa que Colby és el *seu* fill.
Vet aquí el motiu d'aquesta reunió.
Estem esperant la senyora Guzzard —la tia de Colby.

LUCASTA

La tia de Colby? Em fas rodar el cap.

SIR CLAUDE

T'ho hauria d'haver aclarit tot
tan bon punt va arribar. Però no em fiava de tu
per mantenir el secret. Tenia les meves raons,
que ja no existeixen. Però t'ho hauria hagut de dir.

LUCASTA

Doncs, no ho entenc. El que sí que entenc
és el comportament d'en Colby.
Si és que ho sabia.

SIR CLAUDE

Sí que ho sabia.

LUCASTA

Per què no m'ho va dir? Potser anava a fer-ho.
De tota manera, jo sabia que devia haver-hi algun error.
No teniu ni idea de què us estic dient!
Però si ell sabia que era fill teu
es devia quedar d'una peça en saber que era filla teva!
Venia a donar-li les gràcies per l'impacte que em va produir.
Em va fer veure el que de veritat volia.
B. em fa sentir segura. I això és el que vull.
I d'una manera o altra, tinc alguna cosa per donar-li
—alguna cosa que necessita. Colby no em necessita,
no necessita ningú. És encantador,

però no te'n pots refiar. Té el seu propi món,
i pot esvanir-se en qualsevol moment:
just en el moment que més el necessitis!
I tampoc no depèn de ningú.
B. em necessita. La vida l'ha ferit, com a mi,
i l'un a l'altre ens podem ajudar. Ja sé que el veus
simplement com a home de negocis. Així com a mi em veies
simplement com una molèstia. Som fets l'un per a l'altre:
tu pensaves això mateix, Claude, però per raons equivocades,
i això m'ofuscava. O sigui que li estic agraïda, a en Colby.

SIR CLAUDE

No sé què ha passat, però tanmateix
estic segur que has pres la decisió adequada.

LUCASTA

Però les raons que et fan pensar així són les equivocades.

LADY ELIZABETH

I jo també estic segura, Lucasta, que has pres una decisió intel·ligent.

LUCASTA

I jo sé perfectament per què penseu així:
penseu que ens avenim perquè tots dos som vulgars.
B. sap que penseu que és vulgar. I per això fa veure
que és molt vulgar, perquè sap que així ho creieu.
Ens heu repartit els papers. I hem demostrat que els podem interpretar.

LADY ELIZABETH

No veig per què has de dir aquestes coses, Lucasta;
sempre he estat una persona d'idees liberals,
per això mai no em vaig avenir amb la meva família.

LUCASTA

Doncs, jo no sóc una persona d'idees liberals.
Sóc molt tradicional. I no me n'avergonyeixo.

SIR CLAUDE

Possiblement tens raó. No estic segur de res.
Possiblement, com dius, no he entès B. com cal,
i mai no he considerat que a tu t'entengués;
i certament, no acabo d'entendre en Colby.

LADY ELIZABETH

Però, Claude, tu i jo ens podem entendre l'un a l'altre,
tant hi fa que hagi estat tard. I potser això ens ajudarà
a entendre altra gent. Així ho espero.
Lucasta, jo et tinc com a... filla adoptiva;
i estaré encantada d'acceptar el senyor Kaghan com a gendre.

LUCASTA

Gràcies. Estic segura que ho apreciarà.
Per cert, s'està esperant a baix.
Suposo que no ens voleu a la vostra reunió.

EGGERSON

Permeti'm. Puc fer un suggeriment?
Primer de tot vull aprofitar l'ocasió
per desitjar a la senyoreta Angel molta felicitat.
I estic segur que serà feliç. El senyor Kaghan
és un dels joves més prometedors de la ciutat,
i té un cor d'or. I tu també, Lucasta.
Tenim aquesta entrevista tan important,
però segur que volem saludar a la feliç parella.
És cosa de la família. Per què no deixem que esperin a baix
i tornin quan la senyora Guzzard se n'hagi anat?

SIR CLAUDE

No és cap mala idea. Si Colby hi està d'acord.

LUCASTA

Confio en vostè, Eggy. I vull fer les paus amb ell.

SIR CLAUDE

El farem venir ara.
(Se'n va cap al telèfon.)

(Un truc. Entra Colby.)

COLBY

Arribo massa aviat?
Crec que estava impacient d'esperar.

LUCASTA

Colby! No he vingut per interrompre-us la reunió.
Ja m'han dit de què es tractava. Però sí que venia a veure't.
Venia per disculpar-me del meu comportament
de l'altra tarda.

COLBY

Disculpar-te?

SIR CLAUDE

Ja li ho he explicat.

COLBY

Però per què t'hauries de disculpar?

LUCASTA

Doncs, perquè he sabut
que no vaig interpretar bé la teva reacció.
No hauria estat propi de tu —tal com vaig pensar que era.
Tens molt pocs... prejudicis, com per què res t'escandalitzi
tant com em va semblar. M'avergonyia
del que t'explicava, i per això m'esperava
una determinada resposta. Però no m'ho podia creure!
No és el teu estil, menysprear les persones:
no t'interessen prou.

COLBY

No m'interessen prou?

LUCASTA

No. O estàs per damunt d'aquestes coses,
o et són indiferents —no vull dir que siguis insensible!
Però ets tremendament fred. O, si no, tens un foc
que t'encén, que no és la mateixa mena de foc
que encén l'altra gent. O bé ets un egoista
o bé ets tan diferent de la resta de nosaltres
que no et podem jutjar. Així ets tu, Colby.

COLBY

Així sóc jo, eh? Senzillament no ho sé.
Potser em coneixes més bé del que jo mateix em conec.
Però ara saps què sóc...

LUCASTA

Qui ets,
des del moment que m'han dit que eres el meu germà;
cosa que fa més difícil saber què ets.
Potser no hi hagi res més difícil d'entendre
que el propi germà.

COLBY

O germana...

LUCASTA

El que és tan difícil
és reconèixer els límits de la comprensió d'un mateix.
És probable que la comprensió, com a germà i germana,
arribi, a temps. Potser un dia
ens entendrem l'un a l'altre. I acceptarem el fet
que no ens necessitem l'un a l'altre
de la manera que hauria pogut ser. Sinó d'una manera
diferent
que es revela a temps. I potser —qui ho sap?—
ens arribarem a necessitar més, encara,
com a germà i germana, que com hauria pogut ser
en qualsevol altra mena de relació.

COLBY

Vull que siguis feliç.

LUCASTA

Seré feliç,
si m'acceptes com a germana
per la felicitat que aquesta relació ens pot portar
durant vint, trenta o quaranta anys.
Seré feliç. Em caso amb en B.,
sé que en B. t'agrada.

COLBY

L'aprecio molt;
i m'agrada pensar que serà el meu cunyat.
Us necessitaré, a tots dos, Lucasta!

LUCASTA

Significarem alguna cosa per a tu. Però tu no necessites ningú.

EGGERSON

I ara puc interrompre-la, senyoreta Angel?
Per què no esperen a baix vostè i el senyor Kaghan
i es reuneixen amb nosaltres quan acabem l'entrevista?
Segur que el senyor Simpkins estarà d'acord amb aquesta
proposta.

COLBY

I és clar que m'agradaria que ells... Que no pot pujar B., ara?

EGGERSON

Millor esperar fins després.

SIR CLAUDE

D'acord, Eggerson.

LUCASTA

Adéu-siau, Colby.

COLBY

Per què dius adéu-siau?

LUCASTA

Adéu-siau a en Colby com Lucasta el va conèixer,
i adéu-siau a la Lucasta que Colby va conèixer.
Hem canviat des d'aleshores: com vas dir, no parem de canviar.
Quan torni, serem germà i germana;
o així ho espero. Sí, en qualsevol cas,
adéu-siau, Colby.
(Lucasta surt.)

COLBY

Adéu-siau, doncs, Lucasta.

EGGERSON

I ara, per a quan esperem la senyora Guzzard?

SIR CLAUDE

(Mirant-se el rellotge.)
Ja hauria de ser aquí! És increïble
que no m'hagi adonat de com passava el temps,
a causa de la inesperada visita de Lucasta.
Ja hauria de ser aquí. No seria propi d'ella
fer tard a una cita. Solia dir-m'ho
si jo feia tard quan l'anava a veure.
(Entra Lucasta.)

LUCASTA

Sento tornar a ser aquí. És un anticlímax.
Però sembla que no hi hagi ningú per obrir la porta.
Acabo de deixar entrar algú. És la senyora Guzzard
que esperàveu. Sembla una persona impressionant.

Sir Claude

És el dia lliure del vigilant. Però on és la cambrera?

Lucasta

M'ha semblat sentir algú que cantava al rebost.

Lady Elizabeth

Vaja, me n'he oblidat. És l'hora de descans de la Gertrude.
Li he ensenyat a memoritzar.
Però no hauria d'estar cantant.

Lucasta

I doncs, què he de fer?

Eggerson

Permetin-me que baixi i ho expliqui a la senyora Guzzard
i després la faré pujar.

Sir Claude

No, el vull aquí, Eggerson.
La faràs passar, Lucasta?

Lucasta

Ho diré a en B.

(Lucasta surt.)

Sir Claude

M'agradaria que arreglessis millor els horaris dels servents.
Ha estat un començament molt poc afortunat.

Lady Elizabeth

Ha fet progressos, sota la meva direcció;
però no hauria de cantar.

Sir Claude

Molt bé, estem a punt?

(Un truc fluixet. Entra Kaghan, acompanyant la senyora Guzzard. Surt Kaghan.)

Bon dia, senyora Guzzard. M'haurà de disculpar:
em temo que hi ha hagut alguna incompetència domèstica.
L'haurien d'haver anunciada.

Senyora Guzzard

Em sembla que he estat puntual.

Però no m'ha importat esperar, de cap manera, Sir Claude.
Sé que sempre està tan ocupat.

SIR CLAUDE
Primer, permeti que li presenti la meva muller.
Lady Elizabeth Mulhammer.

LADY ELIZABETH
Bon dia, senyora Guzzard.
Vostè no em coneix, però jo a vostè sí:
tenim molt més del que li sembla en comú.

SENYORA GUZZARD
Suposo que es refereix a Colby?

LADY ELIZABETH
Sí. Té a veure amb Colby.

SIR CLAUDE
Elizabeth, saps que això ho hem de deixar a Eggerson.
Aquest és el senyor Eggerson, senyora Guzzard:
el meu secretari de confiança. És a dir,
l'antecessor de Colby, que s'ha retirat recentment.
Ara viu... al camp. Però coneix tota la història:
ha tingut la meva confiança —i puc dir que ha estat el meu amic—
durant molts anys. Per això li vaig demanar que hi fos present.
Espero que, a vostè, no li faci res.

SENYORA GUZZARD
Per què m'hauria de fer res?
Colby ja m'havia parlat del senyor Eggerson.
Estic encantada de coneixe'l.

SIR CLAUDE
I he pensat que ell podria... conduir la conversa:
És la personificació del tacte i de la discreció.

SENYORA GUZZARD
Com vulgui, Sir Claude, si això és el que desitja.
Però vol dir que el tema d'aquesta reunió
—suposo que té a veure amb Colby— és tan summament confidencial?

EGGERSON

Sí, jo ho diria així, senyora Guzzard.
Segons entenc, Sir Claude, hauria d'encetar la conversa?

SIR CLAUDE

Si li plau, Eggerson.

EGGERSON

En aquest cas, comencem.
La qüestió té a veure, com ha deduït, amb el senyor Simpkins.
També fa referència a un problema de paternitat.

LADY ELIZABETH

O de maternitat.

SIR CLAUDE

No l'interrompis, Elizabeth.

SENYORA GUZZARD

No l'entenc.

EGGERSON

La cosa va així, senyora Guzzard.
No fa gaire que Lady Elizabeth
va sentir que el senyor Simpkins l'anomenava a vostè.
La va sorprendre el seu nom i el fet que visqués a Teddington.
I ara hem d'anar enrere, molts anys:
bé, no tants anys —quan s'arriba a la meva edat
tant el passat com el futur semblen breus—,
però fa prou temps com per poder plantejar la qüestió.
Lady Elizabeth, abans del casament
va tenir una criatura...

LADY ELIZABETH

Un fill.

EGGERSON

Va tenir un fill
que no va poder conèixer per una sèrie de circumstàncies.
Cosa que passa no poques vegades, senyora Guzzard.

SENYORA GUZZARD

 Ja ho sé. Sé que passa.

EGGERSON

Del qual se'n va fer càrrec el pare.
És a dir, el va donar, perquè el cuidés
fins a un nou avís, a una dida.
Malauradament, el pare va morir de sobte...

LADY ELIZABETH

Va ser envestit. Per un rinoceront
a Tanganyika.

SIR CLAUDE

Això no té gens d'importància.
Deixa-ho a Eggerson.

EGGERSON

El pare va morir a l'estranger.
Lady Elizabeth no coneixia el nom de la senyora
que es feia càrrec del nen. O més ben dit, l'havia oblidat.
No estava, de totes maneres, en situació
de poder-se dedicar a fer preguntes.
Així que, durant molts anys, no n'ha tingut cap pista
fins a l'altre dia. Aquest fill, senyora Guzzard,
si és viu, deu ja ser un home.
Crec que vostè no ha tingut fills;
però estic segur que ho pot comprendre.

SENYORA GUZZARD

Ho puc comprendre.
Vaig tenir un fill, i el vaig perdre. No de la manera
que el va perdre Lady Elizabeth.
Esperem que el fill li sigui retornat.

EGGERSON

Això és exactament el que pretenem.
Tenim una pista —o sembla una pista.
Per això Sir Claude li ha demanat que hi fos present.

SENYORA GUZZARD

Creu que jo els podria ajudar?

EGGERSON

Sembla prou probable. Fa alguns dies
com deia, Lady Elizabeth va descobrir el seu nom;
i el nom la va sorprendre perquè li era familiar.

SENYORA GUZZARD
De veritat? No és un nom gaire corrent.

EGGERSON
Això és el que la va impressionar. Senyora Guzzard
de Teddington! Lady Elizabeth està convençuda
que el nadó va ser confiat
precisament a una senyora Guzzard de Teddington.
És clar que pot molt bé estar confosa sobre Teddington...

LADY ELIZABETH
No estic confosa sobre Teddington.

EGGERSON
Només suggeria, Lady Elizabeth,
que hi ha altres llocs que sonen com Teddington
però no tants noms que sonin com Guzzard
—o si n'hi ha, són igualment poc corrents.
I, senyora Guzzard, aquí és on ens pot ajudar:
Sap d'alguna altra senyora Guzzard?

SENYORA GUZZARD
No, de cap.

EGGERSON
Vull dir de Teddington o de qualsevol altre lloc.
Ara li he de fer una pregunta més delicada:
alguna vegada va acollir una criatura
—una criatura, vull dir, de pares desconeguts per a vostè—
sota aquestes condicions?

SENYORA GUZZARD
Sí, vaig acollir un nen.
El meu marit i jo no teníem fills... en aquell temps,
i érem molt pobres. Això ens oferia dos avantatges.

EGGERSON
I va saber el nom del pare
o de la mare?

SENYORA GUZZARD
No me'n van dir cap.
Vaig entendre que el nen estava molt ben relacionat:
altrament, no l'hauria acollit.

Però va ser un tercer qui me'l va portar,
i a través d'ell cada mes em feien els pagaments.

EGGERSON

Eren satisfactoris els terminis?

SENYORA GUZZARD

Molt satisfactoris.
És a dir, mentre hi va haver diners.

EGGERSON

Es van acabar els pagaments?

SENYORA GUZZARD

Molt sobtadament.

LADY ELIZABETH

Això devia ser quan Tony va tenir l'accident.

SENYORA GUZZARD

Em van comunicar que el pare havia mort
sense fer testament.

LADY ELIZABETH

Era molt descurat.

SENYORA GUZZARD

I que els hereus no hi reconeixien cap responsabilitat.
La mare, suposo, hauria pogut aconseguir una pensió
si n'hagués pogut demostrar la paternitat;
però jo no sabia qui era! Què podia fer?

LADY ELIZABETH

Oh, Claude, ho veus? Ho entens, Colby?

SIR CLAUDE

No n'estiguis tan segura, encara, Elizabeth.

LADY ELIZABETH

No en tinc cap dubte.
Colby és el meu fill.

SENYORA GUZZARD

El seu fill, Lady Elizabeth?

Insinua que em vaig ocupar d'una criatura seva
i vaig enganyar Sir Claude fent veure que era d'ell?

SIR CLAUDE

Aquest és el quid. La meva dona s'ha autoconvençut
que Colby és fill seu. Jo sé que és fill meu.
I l'he feta venir perquè li ho pogués dir.

EGGERSON

No s'ho prengui com un retret personal,
senyora Guzzard. Res d'això. Ha de ser comprensiva
amb una mare que ha estat esperant contra tota esperança
de trobar el seu fill. Posi's en el seu lloc.
Si vostè hagués perdut el fill, d'una manera semblant,
¿no s'aferraria fins i tot a un ferro roent
si li oferia l'esperança de trobar-lo?

SENYORA GUZZARD

Potser ho faria.

LADY ELIZABETH

No hi ha ni una ombra de dubte en la meva ment.
Em sorprèn que vostè, Eggerson, amb els seus coneixements de lleis,
parli de ferros roents! Colby és fill meu.

SENYORA GUZZARD

En aquestes circumstàncies, ignoraré l'observació.

EGGERSON

Puc apaivagar una mica aquestes aigües tèrboles?
A veure si ens aproximem a la qüestió des d'una altra perspectiva,
i preguntem a la senyora Guzzard què se n'ha fet, del nen
que va acollir, que potser fou el de Lady Elizabeth.

SIR CLAUDE

És un suggeriment molt assenyat, Eggerson.
Una alenada de sensatesa. Gràcies per haver-la fet.

SENYORA GUZZARD

El vam deixar. Un noiet molt bufó.
Era feliç de tenir-lo mentre ens feien els pagaments;
però no ens podíem permetre d'adoptar el nen,
o de seguir-lo mantenint, quan els pagaments es van acabar.

EGGERSON

Com se'n van desfer?

SENYORA GUZZARD

Teníem uns veïns
sense fills, i estaven impacients per adoptar una criatura.
Els havia captivat. I el van adoptar.
Llavors van deixar Teddington, i els vam perdre de vista.

EGGERSON

Però sap el seu nom?

SENYORA GUZZARD

Sí, sé el seu nom:
com el meu, ben poc corrent.
Potser els podríem trobar.
Es deien Kaghan.

SIR CLAUDE

Es deien Kaghan!

SENYORA GUZZARD

K-A-G-H-A-N. Un nom estrany.
Eren una gent excel·lent. Inconformistes.

EGGERSON

I la criatura, suposo que tenia un nom cristià?

SENYORA GUZZARD

Res no demostrava que el nen hagués estat batejat
quan ens va arribar; però no en podíem estar segurs.
El meu marit era especial en aquests assumptes,
per això li vam donar un baptisme condicional.

EGGERSON

Quin nom li van posar?

SENYORA GUZZARD

Vam anomenar la criatura Barnabas.

LADY ELIZABETH

Barnabas? Un nom així no ha existit mai
en la meva família. Ni, n'estic segura, en la del seu pare.
I com va passar a dir-se Colby?

SIR CLAUDE

Però, Elizabeth, que no és en Colby!
No veus qui és?

SENYORA GUZZARD

El meu marit va triar el nom.
Ens havíem casat a l'església de Sant Barnabas.

COLBY

Barnabas Kaghan. ¿És el cosinet
que va morir? ¿No te'n recordes, tia Sarah,
quan vaig trobar un xerric-xerrac i un cascavell,
i em vas dir que havia tingut un cosinet
que s'havia mort?

SENYORA GUZZARD

Sí, Colby, això és el et vaig dir.

LADY ELIZABETH

Per tant el meu fill viu. N'estava segura.
Però crec que Colby és Barnabas.

SIR CLAUDE

No, Elizabeth, Barnabas és Barnabas.
Li ho haig d'explicar, senyora Guzzard.
Tinc un jove col·lega molt prometedor
—és el jove que l'ha acompanyada aquí dalt—
que es diu Barnabas Kaghan.

LADY ELIZABETH

Barnabas?

SIR CLAUDE

Sí, Elizabeth. De vegades ha de signar amb el nom complet.
Però no li agrada el nom, per alguna raó;
així que li diem B.

SENYORA GUZZARD

Un nom molt bonic.
N'hauria d'estar orgullós.

LADY ELIZABETH

Quina edat té aquest Barnabas?

SIR CLAUDE

Em sembla que uns vint-i-vuit.

SENYORA GUZZARD

N'hauria de tenir vint-i-vuit.

LADY ELIZABETH

Llavors em dec haver equivocat en els càlculs.

SIR CLAUDE

No em sorprendria gens.

LADY ELIZABETH

Sí, quin any va ser?
M'estic atabalant tant. Perquè Colby ara és Barnabas,
vull dir, no és Barnabas. I el senyor Kaghan
és Barnabas. Suposo que m'hi acostumaré.

COLBY

Però s'està esperant a baix! No és hora
que el faci pujar? I a Lucasta?

EGGERSON

Un suggeriment excel·lent, senyor Simpkins.
(Surt Colby.)

EGGERSON

I ara, si li sembla, Lady Elizabeth,
podem preguntar al senyor Kaghan sobre els seus pares;
i si el senyor i la senyora Kaghan encara viuen
la senyora Guzzard hauria de poder-los identificar.

LADY ELIZABETH

I demostrarà això que el senyor Kaghan
—aquest senyor Kaghan— és el meu fill?

EGGERSON

Crea una possibilitat intrínseca,
si és aquesta l'expressió adequada.

SIR CLAUDE

Em sembla, Elizabeth,
que ja has trobat el teu fill.

EGGERSON

Queda per confirmar.

LADY ELIZABETH

I jo m'hi hauré d'adaptar.
(Torna a entrar Colby, amb Kaghan i Lucasta.)

COLBY
Ja els he dit que es preparessin per a una sorpresa.

LADY ELIZABETH
Barnabas! Et dius Barnabas?

KAGHAN
Per què? Sí, és clar. L'hi ha dit vostè, Sir Claude?

SIR CLAUDE
No, B. Ha estat la senyora Guzzard qui ho ha revelat.
El senyor Barnabas Kaghan,
la senyora Guzzard. I... la meva filla Lucasta.

KAGHAN
Però com sabia el meu nom la senyora Guzzard?

SENYORA GUZZARD
Els teus pares eren els senyors Kaghan?

KAGHAN
Sí. Són ells. Els meus pares adoptius.

SENYORA GUZZARD
I van viure alguna vegada a Teddington?

KAGHAN
Em sembla que sí. Però per què li interessa?

SENYORA GUZZARD
Lady Elizabeth, crec que aquest és el seu fill.
Si és així, estic neta de la seva injusta sospita.

EGGERSON
Senyor Kaghan, encara viuen els seus pares adoptius?

KAGHAN
A Kent. Es van voler retirar al camp.
Per això els vaig trobar un lloc a prop de Sevenoaks,
on tenen abelles. Però per què ho pregunta?

LADY ELIZABETH
Perquè, Barnabas, sembla que ets fill meu.

EGGERSON

Voldrà obtenir confirmació
d'aquest interessant descobriment, senyor Kaghan,
posant en contacte els seus pares adoptius
amb la senyora Guzzard. És perquè ens confirmin
que el van obtenir, de petit, de la senyora Guzzard,
a qui sembla que havia estat confiat en un primer moment.

KAGHAN

No sé pas quina emoció manifestar...

LUCASTA

No cal que continuïs parlant en aquest llenguatge:
digues només que això et trasbalsa.

KAGHAN

Doncs sí, em sento trasbalsat.
Si Lady Elizabeth és la meva mare...

LADY ELIZABETH

No n'hi ha el menor dubte, Barnabas.
Sóc la teva mare.

KAGHAN

I qui era el meu pare?

LADY ELIZABETH

Va morir molt sobtadament. Un accident fatal
quan tu eres molt petit. Per això et van adoptar.

KAGHAN

I què feia? Era financer?

LADY ELIZABETH

No era bo amb els números. La teva habilitat pels negocis
ve, suposo, de part de la meva família.
Va estar en un regiment molt bo,
almenys durant un temps.

KAGHAN

Doncs, m'hi hauré d'acostumar.
Però m'agradaria saber com m'hauria d'adreçar a vostè,
Lady Elizabeth. Estic acostumat de sempre
a mirar la senyora Kaghan com a la meva mare.

LADY ELIZABETH
Mira, per evitar perills de confusió
te'm pots adreçar com a tia Elizabeth.

KAGHAN
Certament, així és més fàcil.

LADY ELIZABETH
I m'agradarà de coneixe'ls.
Claude, hem de convidar els Kaghan a sopar.

SIR CLAUDE
És clar que sí, Elizabeth.

KAGHAN
Però, Lady Elizabeth
vull dir tia Elizabeth: si jo li dic tia Elizabeth
li faria res dir-me... simplement «B»?

LADY ELIZABETH
És clar que no, si ho prefereixes així, Barnabas.

LUCASTA
Com és que no t'agrada el nom de Barnabas?

KAGHAN
No vull que la gent em digui «Barney»;
Barney Kaghan! Kaghan està bé.
Però Barney Kaghan —sembla qui sap què i no val res:
no faria la impressió adequada a la City.

LUCASTA
Quan siguis conseller, seràs Sir Barney Kaghan!

LADY ELIZABETH
I em fa molt feliç l'anunci del vostre compromís.
Lucasta, em faré càrrec de la vostra boda.

LUCASTA
Preteníem casar-nos molt discretament
pel civil.

LADY ELIZABETH
Us heu de casar per l'església.

SENYORA GUZZARD
M'alegra sentir-li dir això, Lady Elizabeth.
Però està satisfeta?

Lady Elizabeth
Satisfeta? De què?

Senyora Guzzard
De veure que la seva sospita sobre mi era del tot infundada.

Lady Elizabeth
Senyora Guzzard, no tenia cap sospita!
Pensava que hi havia hagut una confusió —això és tot.

Senyora Guzzard
Tenia por que vostè no tingués una confusió mental
entre el significat de confusió i impostura.

Sir Claude
No crec que ara hi hagi cap confusió:
segur que la meva dona està del tot convençuda:
i la mare del senyor Kaghan, n'estic segur, ens ho confirmarà.

Senyora Guzzard
Això m'interessa tant com a qualsevol altre.
¿Però quedarà la seva dona satisfeta,
quan els Kaghan li facilitin la prova,
per reconèixer Barnabas Kaghan com a fill seu?

(A Lady Elizabeth.)

Està satisfeta de tenir-lo com a fill seu?

Sir Claude
Sembla una pregunta estranya, senyora Guzzard.

Senyora Guzzard
M'han demanat de venir per fer-me preguntes estranyes
—i ara em toca de fer-ne a mi.
M'agradaria complaure els desitjos de tothom.

Lady Elizabeth
Oh, i tant... sí, n'estic segura... Seré molt feliç.

Senyora Guzzard
Desitjava el seu fill, i ara té el seu fill.
Tots nosaltres ens hem d'adaptar
al desig que ha estat concedit. Pot ser un procés dolorós,
pel que sé. I tu, Barnabas Kaghan,

estàs satisfet de ser el fill
de Lady Elizabeth Mulhammer?

KAGHAN

És molt millor que ser un nen abandonat.
Podré fer-hi honor. I... sí, és clar,
si ho puc arreglar amb els meus pares.
Me'ls estimo molt, sap?

LADY ELIZABETH

Jo me n'encarregaré, Barnabas.

KAGHAN

«*B.*», si no li importa, tia Elizabeth.

LADY ELIZABETH

«B.», i estic segura que acabarem sent grans amics.

EGGERSON

Segur que cap de nosaltres no desitja altra cosa.

SENYORA GUZZARD

Els desitjos, un cop realitzats, de vegades es posen
en contra dels qui els han pensat.

(A Lady Elizabeth i al senyor Kaghan.)

No pensava en vostès.

(A Lucasta.)

Ni, pel que puc jutjar, en vostè.
Potser vostè és la desitjadora més sàvia d'aquí:
no li demanaré si està satisfeta o no
de ser la dona de Barnabas Kaghan,
la nora de Lady Elizabeth,
i la filla de Sir Claude Mulhammer.

SIR CLAUDE

És preocupació meva —que estigui satisfeta
de ser la meva filla.

SENYORA GUZZARD

Ara, Colby,
t'he de preguntar, a tu, si el teu desig s'ha complert?

SIR CLAUDE

Colby només volia estar segur de la veritat.

COLBY

Em fas una pregunta molt estranya, tia Sarah:
i només puc donar una resposta estranya.
Sir Claude té raó: desitjava saber la veritat.
No importa quina sigui. Tot el que volia era descans
de la persistent contrarietat de saber que hi ha un fet
que es desconeix. Però el fet en si mateix
no és important, un cop se sap.

SENYORA GUZZARD

No tenies preferència? Entre un pare i una mare?

COLBY

No he tingut mai ni un pare ni una mare,
per a B. és diferent. Ha tingut pares adoptius,
per això es pot permetre una altra relació.
Deixem que en pau descansi, la meva mare. I pel que fa al meu pare:
tinc la idea d'un pare.
Se m'acaba d'ocórrer. M'agradaria un pare
a qui no hagués conegut mai i no pogués conèixer ara,
perquè hagués mort abans que jo nasqués
o abans que el pogués recordar; a qui només podria arribar a conèixer
per informes i documents:
la història de la seva vida, del seu èxit o del seu fracàs...
Potser més aviat el fracàs que l'èxit,
per objectes que li pertanyien, i fotografies descolorides
en les quals intentaria de trobar-hi semblances;
la imatge del qual la pogués crear jo en la meva ment,
per viure amb la imatge. Un home corrent
la vida del qual jo podria perpetuar en certa manera
essent la persona que a ell li hauria agradat de ser,
i fent les coses que ell hauria volgut fer.

SENYORA GUZZARD

De qui hauries volgut ser fill, Colby:
de Sir Claude —o el fill d'algun altre home
obscur i silenciós? Un home mort, Colby.
Vés amb compte amb el que dius.

COLBY

Un home obscur i mort.

SENYORA GUZZARD

Tindràs el teu desig. I quan tinguis el desig
ho hauràs d'acceptar. Tindràs un pare
mort, i desconegut per a tu.

SIR CLAUDE

Què vol dir?

SENYORA GUZZARD

Colby no és fill seu, Sir Claude.

COLBY

Qui era, doncs, el meu pare?

SENYORA GUZZARD

Herbert Guzzard.
Ets el fill d'un músic frustrat.

COLBY

I qui era la meva mare?

SENYORA GUZZARD

Deixem que en pau descansi, la teva mare.
Jo era la teva mare; però vaig escollir ser la teva tia.
Per tant, pots tenir el teu desig, i no tenir mare.

SIR CLAUDE

Senyora Guzzard, això és del tot increïble!
No pot ser que vostè mantingués aquest engany
durant tants anys. I per què m'havia d'enganyar?

EGGERSON

Senyora Guzzard, pot demostrar aquesta afirmació?

SENYORA GUZZARD

La partida de naixement. De Herbert i Sarah Guzzard
un fill.

EGGERSON

I què hi ha de la seva germana i de la criatura que va tenir?

SENYORA GUZZARD

Partida de defunció. La criatura no va arribar a néixer.

SIR CLAUDE

No m'ho crec. Simplement no m'ho puc creure.
Senyora Guzzard, s'inventa aquesta ficció
en resposta al que Colby ha dit que volia.

EGGERSON

Examinaré els documents jo mateix, Sir Claude.
No dubtem pas de la seva paraula, senyora Guzzard:
però amb un assumpte de tan extrema importància
comprendrà la necessitat d'una confirmació exacta.

SENYORA GUZZARD

Ho comprenc, senyor Eggerson. Prou bé.

SIR CLAUDE

No m'ho creuré. No me'ls creuré, aquests documents.
Ens vol fer creure que ha mantingut aquest engany
durant vint-i-cinc anys? No és possible.

SENYORA GUZZARD

No tenia cap intenció d'enganyar-lo, Sir Claude,
fins que es va enganyar vostè mateix. Quan se'n va anar al Canadà
la meva germana va notar que havia de tenir un fill:
això és ben cert. Jo també n'esperava un.
Vostè no ho sabia. No tenia per què saber-ho.
Com acabo de dir, la meva germana va morir
abans que la criatura nasqués. Vostè era molt lluny;
li vaig enviar un missatge, que mai no li va arribar.
Quan va tornar, de seguida em va venir a veure;
i em vaig adonar que no havia tingut cap notícia.
Va veure el nen. Va donar per fet que era seu;
I estava tan cofoi, que no vaig gosar, en aquell moment,
de desenganyar-lo. I llavors vaig pensar —per què no?
El meu marit també havia mort. M'havia deixat molt pobra.
Si deixava que continués pensant que el nen era seu,
el meu fill tenia assegurat un bon ajut per situar-se en la vida,
pel que sabia. I a vostè el faria tan feliç!
Si deia que el nen era meu, quin futur podia tenir?
Més tard vaig espantar-me del que havia fet.
Tot i que jo no havia dit mai «aquesta criatura és seva»,
tenia por que em demanés la partida de naixement.
Mai no ho va fer. I així va anar la cosa.

SIR CLAUDE

És tremendament versemblant. Però no pot ser cert.

SENYORA GUZZARD

Consideri-ho, Sir Claude. Creu que li diria tot això
si no fos cert? Dient-li la veritat
estic sacrificant les ambicions que tenia per a Colby.
Estic sacrificant també el meu sacrifici anterior.
Això és encara més dur que el sacrifici que vaig fer
quan vaig permetre que el considerés seu. ¿Pensa que és insignificant
per a mi, veure que l'ambició de la meva vida desapareix?
Quan vaig abandonar el meu lloc com a mare de Colby
vaig abandonar una cosa que mai més no podria tornar a tenir.
No comprèn que aquesta revelació
toca la ferida i la burxa fins al fons?
Preferiria que els fets fossin d'una altra manera.

COLBY

Et crec. T'he de creure:
això em dóna llibertat.

SIR CLAUDE

Però, Colby
si això fos cert —evidentment no ho pot ser!—
però veig que t'ho creus. T'ho vols creure.
Doncs bé, creu-t'ho. Però no deixis que això canviï
la nostra relació. O, potser, per a millor?
Potser serem més feliços junts si penses
que no sóc el teu pare. Ho acceptaré.
Si et quedes amb mi. No em farà canviar
els plans per al teu futur.

COLBY

Gràcies, Sir Claude.
És un home molt generós. Però ara sé qui era el meu pare
he de seguir el meu pare —per poder-lo arribar a conèixer.

SIR CLAUDE

Què vols dir?

COLBY

Vull ser organista.
No m'importa l'èxit
—apuntava massa amunt abans— més enllà de la meva capacitat.
Em pensava que no volia ser organista

quan vaig veure que no podria arribar al capdamunt,
és a dir, esdevenir l'organista d'una catedral.
Però el meu pare va ser un organista sense èxit.

SENYORA GUZZARD

Colby, hauries de dir amb poc èxit.

COLBY

I vull seguir les passes del meu pare.

SIR CLAUDE

Però, Colby:
¿no recordes la conversa que vam tenir
—ja fa tant de temps! —quan vam compartir les nostres ambicions
i vam compartir les desil·lusions. I tu vas descriure els teus sentiments
quan t'iniciaves en els camins dels negocis;
L'estímul de trobar que sabies portar
uns assumptes que consideraves tan desagradables;
i la manera com vas sentir que estaves canviant?
Aquella conversa m'hauria fet palès
sense cap altre indici, que eres fill meu,
perquè vas descriure la meva pròpia experiència, exactament.
No significa res per a tu, l'experiència que vam compartir?
Déu ho sap —i tu ho saps— que no he posat cap impediment
perquè satisfessis les teves ambicions musicals
—les has pogut satisfer.
Pensa, si vols, que no sóc el teu pare:
ho acceptaré. No et reclamaré res,
excepte la semblança que tenim l'un amb l'altre.
Hem experimentat la mateixa desil·lusió:
vull que en traguem el millor partit, junts.

COLBY

No, Sir Claude. Detesto ferir-lo
com ho estic fent. Però és molt diferent.
Mentre em pensava que era el meu pare
estava content d'haver tingut les mateixes ambicions
i de la mateixa manera, acceptar el fracàs.
Vostè tenia el seu pare, abans, com a model;
coneixia la seva herència. Ara sé la meva.

SIR CLAUDE

Mai no et demanaré que pensis en mi com a pare;
tot el que et demano és que em vegis com a amic.

COLBY

Però vostè encara pensaria en mi com a fill seu.
No hi pot haver una relació pare-fill
a menys que funcioni en els dos sentits. Si vostè em mirava
—com voldria— com a fill seu, quan jo no podria pensar en vostè
com a pare; si jo ho acceptés
em sentiria culpable de cara a vostè. M'agrada molt.
S'ha convertit en un home sense il·lusions
per si mateix, i sense ambicions.
Ara que he abandonat les meves il·lusions i ambicions
tot el que queda és amor. Però no per a l'engany:
per això l'he de deixar.

SIR CLAUDE

Eggerson!
No el pot persuadir?

LADY ELIZABETH

Sí. El meu pobre Claude!
Intenti ajudar-lo, Eggerson.

EGGERSON

No m'arriscaria.
El senyor Simpkins és un home que sap el que vol.
¿És cert, senyor Simpkins, que el que desitja
és convertir-se en l'organista d'una església parroquial?

COLBY

Això és el que vull. Si algú m'accepta.

EGGERSON

Si és així, he sabut casualment d'una plaça vacant
a la meva pròpia parròquia, a Joshua Park,
si li atrau la idea. L'organista que teníem
va morir fa dos mesos. N'hem estat buscant un altre.

COLBY

Creu que em farien una prova?

EGGERSON

Fer-li una prova? N'estic segur.
No sembla que els bons organistes vulguin venir a Joshua Park.

COLBY

Però ja li he dit que no sóc un bon organista!

EGGERSON

No digui això, senyor Simpkins, fins que no hagi provat l'orgue!

COLBY

Doncs, si els pot convèncer que em provin...

EGGERSON

Els de la Junta de l'església parroquial estaran senzillament encantats,
i jo hi tinc certa influència. Sóc el guarda del vicari.

COLBY

M'agradaria sol·licitar el lloc.

EGGERSON

El sou és baix,
molt baix, em temo. No n'hi ha prou per viure.
Haurem de pensar en altres maneres
de fer-li obtenir uns ingressos. Classes de piano?
Com a mesura temporal; perquè, senyor Simpkins
—espero que no s'ho prengui com una impertinència—
no el sé veure tota la vida com a organista.
Em sembla que s'acabarà adonant que té una altra vocació.
Hem treballat junts cada dia, ja ho sap,
durant un quant temps, i l'he vist de molt a prop.
Senyor Simpkins! Potser voldrà fer-se eclesiàstic.
I encara tindrà la seva música. Sap, senyor Simpkins,
Joshua Park pot ser només un primer pas
cap a una prebenda! I una canongia!

COLBY

Direm blat quan el tindrem al sac, Eggers.
Ai, ho sento...

EGGERSON

No ho senti: estic encantat.
I per cert, un aspecte pràctic:
si ocupa el lloc, es voldrà adaptar
a Joshua Park, abans d'instal·lar-se en un allotjament;
tenim una habitació lliure. Estaríem molt contents
si es quedés amb nosaltres, fins que s'instal·lés.

COLBY

Naturalment em plauria molt —si la senyora Eggerson ho aprovava.

EGGERSON

Ningú no estarà tan complagut com la senyora Eggerson;
li ho puc assegurar.

SENYORA GUZZARD

Senyor Eggerson,
no ho veig igual que vostè,
havent estat, jo mateixa, la dona d'un organista;
però, a vostè, em sembla, també se li ha realitzat un desig.
—Crec que ja podem donar per acabada aquesta entrevista.
Si m'excusa, sir Claude...

SIR CLAUDE

Excusar-la? I tant.

SENYORA GUZZARD

He de tornar a Teddington. Colby,
em demanaràs un taxi per anar a Waterloo?

COLBY

Demanar-te un taxi? Sí, tia Sarah;
però t'acompanyaré a casa.

SENYORA GUZZARD

A casa? Només al taxi.
¿Li sap greu si ja me'n vaig, Sir Claude?
Aquí ja no em necessiten.
(*Colby surt.*)

SIR CLAUDE

Saber-me greu? Què em sap greu a mi?

SENYORA GUZZARD

Aleshores els dic adéu. Tots han aconseguit els seus desitjos
d'una manera o altra. Vostè i jo, sir Claude,
vam tenir els nostres desitjos fa vint-i-cinc anys;
però no ens vam adonar, quan vam aconseguir els nostres desitjos,
que hi havia una clàusula de temps-límit al contracte.

SIR CLAUDE

Què és això? Ah, adéu-siau, senyora Guzzard.
(*Surt la senyora Guzzard.*)

SIR CLAUDE

Què ha passat? Se n'han anat? Tornarà Colby?

LADY ELIZABETH

El meu pobre Claude!
(*Lucasta creua cap a sir Claude i s'agenolla al seu costat.*)

KAGHAN

Sap, Claude, penso que tots hem comès el mateix error
—tots excepte Eggers...

EGGERSON

Jo, senyor Kaghan?

KAGHAN

Volíem que Colby fos una cosa que no era.

LADY ELIZABETH

Suposo que això és cert tant per a tu com per a mi, Claude.
Entre no saber el que els altres volen d'un mateix,
i no saber el que s'hauria de demanar als altres,
es cometen errors! Però penso millorar.
Claude, hem de mirar d'entendre els nostres fills.

KAGHAN

I a nosaltres ens agradaria entendre'ls a vostès...
vull dir que els incloc a tots dos,
Claude... i tia Elizabeth.
Sap, Claude, tant a Lucasta com a mi
ens agradaria significar alguna cosa per a vostè... si ens ho permet;
i prendríem la responsabilitat de significar-ho.
(*Lucasta posa els braços al voltant de Sir Claude.*)

SIR CLAUDE

No em deixis, Lucasta.
Eggerson! Realment la creu, *vostè*?
(*Eggerson assenteix amb el cap.*)

TELÓ

Sumari